한미 주둔군지위협정(SOFA) 협상

한국외교협상사례 총서 10

한미 주둔군지위협정(SOFA) 협상

초판 1쇄 발행 2022년 12월 31일

지 은 이 엄정식
발 행 인 한정희
발 행 처 경인문화사
출판번호 406-1973-000003호
주소 (10881) 경기도 파주시 회동길 445-1 경인빌딩 B동 4층
전화 031-955-9300   팩스 031-955-9310
홈페이지 http://www.kyunginp.co.kr
이메일 kyungin@kyunginp.co.kr

ISBN 978-89-499-4994-9 94340
       978-89-499-4940-6 (세트)

국립외교원 외교안보연구소
외 교 사 연 구 센 터

한미 주둔군지위협정(SOFA) 협상

엄 정 식

경인문화사

간행사

뛰어난 인재를 구하기 어려움은 옛날과 오늘이 다르지 않았으니, 선인들은 이를 '재난(才難)'이라는 말로 표현했습니다. 특히 대한민국 외교를 짊어질 외교관 후보자와 초임 외교관들에 대한 교육의 중요성과 어려움은 새삼 강조할 필요도 없을 것입니다. 이에 국립외교원 외교안보연구소 외교사연구센터는 외교관후보자 교육과 초임 외교관들의 실무에 도움을 주고자 2018년부터 「한국외교협상사례」총서를 발간하고 있습니다. 본 총서는 1948년 대한민국 정부수립 이후 오늘에 이르기까지 외교부가 수행한 주요 외교협상 사례의 배경, 주요 쟁점, 전략, 과정, 성과 및 후속조치 등을 체계적으로 서술함으로써 그 공과(功過)를 기록하고 정책적 함의를 도출하는 데 그 목적이 있습니다.

이를 위해 국립외교원은 국내 정치외교학계 및 국사학계의 최고 전문가들로 구성된 기획편집위원회의 자문을 받아 주요 외교협상사례 100건을 선정한 후, 이를 바탕으로 매년 5책 내외의 「한국외교협상사례」총서를 간행하고 있습니다. 본 편찬사업의 실무를 담당한 김종학 외교사연구센터 책임교수와 집필자 추천으로부터 최종 결과물의 심사에 이르기까지 전 과정에 참여해주신 신욱희, 홍석률 공동위원장을 비롯한 기획편집위원들의 헌신적인 도움과 노력에 심심한 사의를 표합니다. 본 총서가 장래 한국 외교의 동량(棟梁)이 될 우리 외교관 후보자들에게 귀감이 되는 교재이자 현직 외교관들의 유용한 업무 지침서로 널리 활용될 수 있도록 많은 관심과 격려를 부탁드립니다.

2022년 1월

국립외교원장 홍현익

서문

　이 연구는 냉전기 한미관계를 군사와 외교 중심으로 분석했던 2008년 한미주둔군지위협정(한미 SOFA) 연구를 확장하고 발전시킨 결실이다. 당시 연구는 1960년대 초점을 두었기에 때문에 언젠가 한미주둔군지위협정의 시작부터 다루어야겠다는 숙제를 남겨두었다. 국립외교원에서 주신 좋은 기회로 인해 이제야 숙제를 마무리할 수 있게 되었다. 한미주둔군지위협정은 현재에도 한미관계의 중요한 척도로 남아있고, '동맹의 거울'로도 불린다.

　이 연구를 위해 1950년 대 한미 SOFA와 관련된 1차 자료부터 다시 읽고, 새로운 자료를 찾는 과정은 힘들지만 보람된 여정이었다. 다시 읽는 자료 중에는 이전과 다른 맥락으로 파악되는가 하면, 새로운 자료를 읽는 흥미진진함은 외교사 연구의 의미를 다시 선사해주었다. 한 가지 아쉬운 점은 82회에 걸친 한국과 미국 간 SOFA 협상 회의록의 소재(외교사료관)를 파악했지만 아직 비공개로 관리되고 있다는 사실이었다. 현장 외교관과 외교사 연구자들에게 실무적, 학문적으로 매우 가치 있는 자료를 살펴보기에는 시간이 더 걸릴 듯하다. 이 문제에 관심을 갖는 후학께서는 SOFA 협상 회의록의 공개를 우선 확인해보길 권한다.

　외교협상은 국제적, 국내적 상황과 협상 당사국의 역량 등 다양한 요인이 복합적으로 영향을 끼친다. 반복되는 이슈는 있어도 반복되는 과정은 없다고 할 수 있을 정도로 다양하다. 그렇지만 모든 외교협상은 협상 행위자, 이익, 전략 등 협상에서 자국의 이익을 극대화하기 위한 공통된 요인이 존재하기 때문에 상대방과 과거 협상사례를 파악하는 것은 반복되는 외교협상에서 중요한 자산이 된다. 특히 한미 SOFA는 동맹관계인 양국의 협력 수준, 갈등 요인 등을 잘 보여준다. 1966년 SOFA 체결 이후 1991년과 2001년 두 차례 개정된 SOFA도 역사적으로 한미동맹의 변화를 보여주는 좋은 사례이다. 이런 점에서 1966년 한미 SOFA 협상 사례 연구는 미군이 한반도에 주둔하는 상황에서는 반복될 수 있는 정책적 이슈이며, 한미관계의 다른 양자 협상에도 참고가 될 수 있다.

이 연구를 진행하는 과정에서 자문과 도움을 아끼지 않은 서울대학교 신욱희 교수님, 국립외교원 외교사연구센터의 김종학 책임교수, 정종혁 연구원께 감사의 말씀을 드린다.

2021년 12월 1일
엄정식

차 례

범 례

1. 본 총서는 한국외교협상사례 기획편집위원회가 선정한 『한국 100대 외교협상사례』에 기초하여 협상의 배경과 중요 쟁점, 전개과정과 협상전략, 후속조치와 평가 등을 서술한 것이다.

2. 본 총서의 집필자 추천 및 원고 심사는 한국외교협상사례 기획편집위원회가 담당하였다. 본 위원회의 구성은 다음과 같다.

   공동위원장   신욱희(서울대학교), 홍석률(성신여자대학교)
   위   원   신종대(북한대학원대학교)
   위   원   우승지(경희대학교)
   위   원   정병준(이화여자대학교)
   위   원   조양현(국립외교원)

3. 본 총서는 각 협상사례를 상대국 및 주제에 따라 총 7개의 클러스터로 분류하였다. 각 클러스터는 책등 및 앞표지 상단의 사각형 색으로 구분하였다.

   1) 한반도(황색)
   2) 미국(주황색)
   3) 일본(자주색)
   4) 중국, 러시아(보라색)
   5) 유럽, 제3세계(남색)
   6) 국제기구, 환경(녹색)
   7) 경제통상(연두색)

4. 부록에는 협상의 관련 자료 및 해제와 연표 등을 수록하였다.

　　1) 관련 자료에는 한국, 협상상대국, 제3국의 외교문서 원문 및 발췌문, 발표문, 언론보도 등을 수록하였다.

　　2) 자료의 제목, 공식 문서명, 발신일, 수록 문서철, 문서등록번호, 기타 출처 등은 부록 서두에 목록화하였다.

　　3) 자료 해제에는 각 자료의 배경, 요점, 함의 등을 간략히 기술하였다.

　　4) 연표에는 주요 사건의 시기와 내용, 관련 자료 등을 표기하였다.

　　　(예)

시기	내용
1950. 10. 7.	유엔총회 UNCURK 창설 결의
[자료 1] "Resolution 376 (V) Adopted by the General Assembly"	

　　5) 자료의 제목은 공식 문서명을 기재하는 것을 원칙으로 하되(예: "Telegram from the Embassy in Korea to the Department of State") 편의상 자료의 통칭 등을 기재하기도 하였다(예: "닉슨 독트린").

　　6) 자료는 원칙적으로 발신일을 기준으로 나열하되, 경우에 따라 협상 단계 및 자료간 연관성 등을 고려하여 배치하였다.

6·25 전쟁 중 다급하게 맺어진 대전협정은 참전 미군과 UN군의 치외법권적 지위를 인정한 매우 불평등한 주둔군지위협정(Status of Forces Agreement, 이하 SOFA) 이었다. 한국과 미국은 정전협정 이후 북한을 억제하고 안보를 강화하고자 상호방위조약을 체결했다. 1953년 8월 8일 한국에서 열린 상호방위조약 가조인식에서 덜레스 국무장관과 이승만 대통령은 빠른 시일 내에 SOFA 협상을 시작하겠다는 공동성명을 발표했다. 그러나 이 약속이 이행된 1966년 7월까지 13년 동안 한미 양국은 SOFA 협상시작의 조건과 협상 내용을 놓고 밀고 당기는 줄다리기를 지속했다. 한국 정부(이승만, 장면, 박정희 정부)는 SOFA 체결을 미국에게 요구하면서도 국내정치적 상황과 미국과의 관계를 고려하여 협상의 적극성에서 차이를 보였다. 반면 미국 행정부(아이젠하워, 케네디, 존슨 행정부)는 자국의 군대가 한국에 주둔하고 있는 이상 대전협정보다 더 유리할 수 없는 새로운 SOFA 체결에 미온적이었으나 한국의 정치적 상황, 한일협정 경과, 베트남전쟁 파병 상황에 따라 한국의 요구를 부분적으로 수용했다.

이승만 정부 시기 SOFA 협상은 협상시작과 합의에 낙관적이었던 한국과 달리 국무부와 국방부의 입장 차이가 컸던 미국의 반대로 인해 준비협상만 이루어졌다. 1953년 덜레스-이승만 공동성명 이후 이승만 정부는 SOFA 협상을 빠른 시일 안에 시작할 수 있고, 한국의 형사재판권 행사도 가능할 것으로 예상했다. 그러나 아이젠하워 행정부 내에서 국무부와 국방부의 입장은 달랐다. 국무부는 한국과 SOFA 협상을 빨리 진행함으로써 한미 상호방위조약 비준을 원활히 하고, UN군과 분리된 SOFA 협상으로 미국의 협상력을 높이고자 했다. 그러나 국방부는 처음부터 대전협정보다 불리한 협상에 반대했고 협상을 하더라도 일괄협정보다는 사안별 협정을 선호했다. 실제로 이승만 정부는 준비협상 과정에서 미일 SOFA에도 반영된 형사재판권 행사를 요구했다. 그러나 국무부는 국방부가 강하게 반대하는 상황에서 형사재판권 행사에 동의할 수 없었다. 게다가 국무부는 한국의 사법체계를 일본보다 부정적으로 평가했기 때문에 SOFA 협상을 최대한 지연하는 전략으로 대응했다.

아이젠하워 행정부는 형사재판권 협상을 회피하고자 한미 간 다른 협정들을 우선 처리하자며 시간을 끌다가, 1957년 4월 미군 헌병이 한국인을 살해한 양주열차 강도사건으로 급속히 나빠진 한국 내 여론을 의식하여 협상시작을 논의했다. 국무부는 이승만 정부에게 SOFA 협상시작을 위한 두 가지 조건을 제시했다. 첫째, 형사재판권 문제를 협상에서 제외할 것. 둘째, 만일 협상을 하더라도 형사재판권 행사는 한국의 정치적 안정이 이루어진 이후로 연기할 것이었다. 1957년 11월 이승만 정부는 형사재판권 협상을 최대한 미루되 다른 이슈부터 개별적으로 협상하자고 제안했다. 아이젠하워 행정부 내에서도 국무부와 국방부 간 논의가 있었는데 그 배경에는 더 이상 SOFA 협상시작을 연기하는 것이 주권국가로서 한국민의 감정을 자극하고 한미관계에 부정적이라는 판단 때문이었다. 이승만 정부가 SOFA 협상시작에 대해 외교적 압박을 높여

가자 결국 1960년 3월 국무부는 시설 및 구역에 관한 협상을 먼저 다루는 개별협상을 결정하고 이를 이승만 정부에 통보했다.

그러나 이승만 정부에서 시작하기로 했던 SOFA 협상은 4·19 혁명으로 열리지 못했다. 1960년 9월 장면 내각은 SOFA 협상시작을 미국에 요구했으나 아이젠하워 행정부의 임기 말 상황과 이승만 정부 때와 변함없는 SOFA 협상시작 조건으로 인해 별다른 진전은 없었다. 1961년 들어 장면 내각은 SOFA 체결에 적극적으로 나섰다. 장면 총리가 주한미대사관과 UN군 사령부에 SOFA 협상을 요구했고, 2월 체결 예정인 한미 경제원조협정의 불평등과 주권침해 조항이 SOFA 협상의 필요성을 부각시켰다. 이 문제로 한국 내 여론이 악화되자 케네디 행정부에서도 국무부와 국방부 간 SOFA 협상시작이 논의되었다. 국무부는 미국이 일본을 비롯한 다른 국가와 이미 SOFA를 체결하고 있으므로, 국내정치적 어려움을 겪고 있는 장면 내각을 지원하고, 한국 내 민족주의 정서가 강해지기 전에 장면 내각과 협상하는 것이 유리하다는 이유로 SOFA 협상시작에 찬성했다. 케네디 행정부의 대한정책 차원에서도 SOFA 체결은 한국의 경제적 자립을 위한 적극적인 개입을 뒷받침하는 한편 점증하는 한국 내 반미감정에 대처할 수 있는 수단이었다.

1961년 4월 10일 케네디 행정부는 SOFA 협상시작을 통보했고, 장면 총리는 "최고로 기쁜 소식"이라며 만족감을 표현했다. 그러나 한국과 미국 간 SOFA 협상이 시작되었음에도 불구하고, 케네디 행정부 내에서 국무부와 국방부는 이견을 좁히지 못했다. 5월 국무부와 국방부 간 조율이 진행되는 중 5·16 군사정변이 일어나자 양국은 SOFA 초안도 교환하지 못한 채 협상을 중단했다.

5·16 군사정변 이후 국정을 장악한 군사정권은 미국에게 SOFA 협상을 시작하자는 적극성을 보였다. 당시 케네디 행정부는 대전협정 개정에 급하지 않았지만, SOFA 협상을 군사정권에 대한 레버리지로 활용하고자 했다. 1962년 이후 군사정권은 SOFA 체결을 외교정책 현안으로 선정했으며, 사회적 이슈가 되고 있었던 주한미군 범죄를 명분으로 SOFA 협상을 요구했다. 케네디 행정부도 한국 내 여론이 악화되는 것을 막고 군사정권의 비상계엄해제와 민정이양을 유도하기 위해 SOFA 협상을 긍정적으로 논의했다. 따라서 SOFA 협상시작 조건은 형사재판권 문제를 민정이양 이후로 연기한다는 서면보증과 이에 대한 공개였다. 그 사이 군사정권은 6월 주한미군 범죄로 인한 대학생 시위를 활용하여 SOFA 협상의 지연을 미국의 비협조 탓으로 전가했다.

　케네디 행정부는 한국 내 여론 악화와 군사정권의 책임전가에 대응하고자 SOFA 협상조건이었던 민정이양에 대한 서면보증 요구를 철회했다. 그러나 미국이 협상조건을 수정했음에도 불구하고 군사정권은 형사재판권이 제외되었다는 이유로 협상시작을 거부했다. 그러자 케네디 행정부는 형사재판권을 포함하되 실제 협상은 서두르지 않겠다는 군사정권의 이면약속을 전제로 SOFA 협상에 합의했다. 결국 군사정권의 SOFA 협상은 1962년 9월 20일 시작되었지만, 1963년 말 대통령 선거로 민정이양이 완료될 때까지 실질적인 진전은 없었다.

　1964년부터 본격적으로 시작된 양국의 SOFA 협상은 한일협정과 한국의 베트남파병 이슈와 연계되었다. 케네디 행정부는 대한정책의 일환으로 근대화와 경제개발을 우선했는데 이를 위한 방안으로 한일관계 개선이 중시되었다. 당시 박정희 정부는 한일협정으로 악화된 여론과 국내정치적 부담으로 어려움을 겪었다. 이에 존슨 행정부는 한일협정 이후 미국이 경제원조 부담을 일본에 전가할지 모른다는 한국의 불안을 없애기 위해 경제원조 공약을 서둘렀다. 또한 SOFA 체결을 추진함으로써 한일협정으로 악화된 민족적 감정을 회복하고 반미운동으로 확산되지 않도록 노력했다.

같은 시기 존슨 행정부는 베트남 전황이 어렵게 전개되자 우방국의 참전을 검토하고 있었다. 1964년 중반까지 존슨 행정부는 한일협정 체결에 부정적인 영향을 우려하여 박정희 정부에게 파병을 요청하는데 소극적이었다. 반면 박정희 정부는 1964년 6월부터 전투부대 파병을 적극적으로 추진하면서 대미관계에서 우호적인 여건을 조성하기 시작했다. 이처럼 존슨 행정부는 한일협정을 지원하려는 의도와 베트남 파병을 요청해야 하는 상황 속에서 SOFA 협상에 적극적으로 임하기 시작했으며 협상 조건에도 변화를 보였다. 구체적으로 존슨 행정부는 한국의 형사재판권 자동포기 조항에서 한국 정부의 특수한 이익이 있는 사건을 제외하는 수정안을 마련했다. 이후 양국 간 SOFA 협상에서는 박정희 정부의 제안(한국의 1차 형사재판권을 인정)과 존슨 행정부의 제안(미국의 1차 형사재판권을 인정하되 한국의 특수한 이익은 인정사항에서 제외) 사이에 이견이 조율되었고, 형사재판권 문제는 한국이 미국의 제안을 수용하는 대신 노동조항에서는 미국이 한국의 제안을 수용하는 타협이 이루어졌다.

그 결과 1965년 5월 박정희 대통령의 미국 방문으로 양국은 한국군 1개 전투부대 파병 합의, 한일협정을 통한 경제발전 추구, SOFA 협상의 타협점을 찾는 등 매우 우호적인 분위기를 조성했다. 이후 박정희 정부는 합의한 베트남 전투부대 파병을 8월 국회 동의와 함께 신속하게 이행한 반면 SOFA 협상은 시간을 끌기 시작했다. 박정희 정부는 한일협정 비준에 따른 국내정치적 혼란을 이유로 SOFA 협상을 지연하면서 세부적인 쟁점을 해결하고자 했다. 나아가 1966년 4월 박정희 정부는 베트남 추가 파병이 논의되는 상황을 활용하여 미국에 SOFA 재협상을 요구했다. 이 과정에서 박정희 정부는 아시아 소국인 필리핀 SOFA보다 불리한 한국 SOFA 조건에 불만을 표시했으며, 처음부터 요구했던 1차 형사재판권을 한국이 행사하는 조건 이외에도 노동 조항과 민사청구권에서도 유리한 조건을 요구했다.

이러한 요구에 대해 미국 국방부는 한국의 1차 형사재판권 행사뿐 아니라 재협상에도 반대했다. 반면 국무부는 박정희 정부의 베트남 추가파병을 지원할 필요성과 한미관계를 고려하여 한국의 1차 형사재판권 행사를 인정하되 이를 사실상 제한하는 조건을 부속 문서에 반영하는 절충안을 마련했다. 결국 1966년 6월 존슨 행정부 내에서 형사재판권 문제에 대한 국무부와 국방부의 합의가 이루어졌고, 박정희 정부가 이에 동의한다면 노동조항 및 민사청구권에서 미국도 양보하겠다는 의사를 전달했다. 이로써 1953년 덜레스-이승만 공동성명 이후 13년 간 지속되었던 양국의 SOFA 협상은 1966년 7월 9일 체결되었고, 10월 14일 국회 비준을 거쳐 1967년 2월 9일 대전협정을 대체하여 발효되었다.

한미 주둔군지위협정(SOFA) 협상

Ⅰ. 서 론

1967년 2월 9일 발효된 한미 주둔군지위협정(status of forces agreement, 이하 SOFA) 협상 과정과 전략은 오늘날 현장 외교관들에게 선행 협상의 교육 사례로 활용될 필요가 있으며, 한국 외교사 연구의 기초 자료로도 충분한 가치를 갖는다.[1] SOFA란 다른 국가에 외국인이 체류할 경우 해당 국가의 법을 준수해야 하는 일반적 상황과 달리 외국 군대가 체류할 경우 파견국과 체류국 상호 필요와 합의에 의해 군기 유지와 국가 기관으로서 임무 수행에 필요한 지위를 부여하는 협정이다. 한미 SOFA는 한국과 미국 간의 국가차원의 약속이며 주한미군이 준수해야 할 한국의 법과 의무를 제시하는 동시에 주한미군의 임무수행에 필요한 제도적 틀을 마련한 협정이다. 예컨대 미국의 군인이 한국

---

1 일반적으로 국가들은 속지주의에 따라 자국 내에서 외국인에 대한 법적인 권한을 부여할 수 있다. 그러나 국가 간의 수교에 따라 상주하는 외교관은 면책특권이라는 예외를 인정받는다. 그런데 외국군대가 공동 방위를 명분으로 그 국가 내에 주둔할 때, 파견국은 군사 및 그에 따른 행동을 수행하기 위해 가능한 체류국에 특권과 면제를 요구하며, 체류국은 파견국 군대의 면제와 특권에 따라 발생하는 국민과의 마찰 및 분쟁을 규제하고 또는 합법화시키기 위한 법제도적인 조치를 요구하게 되는데 SOFA도 이러한 성격을 갖는다. SOFA는 군사동맹 관계에 대하여 일반적, 포괄적으로 규정한 군사조약을 보통 그 근거(한미 SOFA의 경우 한미상호방위조약)로 하는데, 군사조약에 군대의 파견 및 접수에 대한 근거 규정이 있는 경우 체류국 군대의 시설, 구역, 지위 부여 등 관련 문제에 대한 구체적인 규정을 SOFA에 설정함으로써 군대의 파견 및 접수에 따르는 문제들을 처리한다.

에 출입국시 소지해야 할 신분증과 비자와 관련된 사항, 한국 내에서 미군이 사용하는 토지, 시설, 공공용역의 사용 조건, 미군에 의해 사고 또는 범죄가 발생할 경우 보상과 처벌 절차 등이 SOFA를 통해 규정된다.

1967년 발효된 SOFA 이전까지 주한미군의 지위는 1948년 8월 15일 정부 수립 후 체결된 협정에서 최초로 규정되었고, 6·25전쟁이 일어나자 다시 주둔하게 된 주한미군과 체결한 1950년 7월 12일 대전협정으로 규정되었다.[2] 그러나 대전협정은 6·25전쟁이라는 특수한 상황에서 이승만 정부가 협의나 협상 없이 미국의 요구에 일방적으로 동의한 결과로서, 로마 제국시대 점령군이 가질 수 있었던 위상에 견줄 만큼 불평등하고 특권적이었다. 이런 배경에서 1953년 8월 8일 이승만 대통령과 덜레스(John Foster Dulles) 국무장관의 공동성명에서 양국은 주한미군의 지위에 관한 협정을 체결하기로 했다.[3] 전쟁이

2 1948. 8. 15 정부 수립 이후 최초의 SOFA는 "과도기 잠정적인 군사 및 안전문제에 대한 대한민국 대통령 및 주한미군 사령관간 행정협정"으로, 한국 정부는 미군이 완전 철수할 때까지 필요한 시설과 구역에 대한 사용권과 더불어 미군·군속 및 가족에 대한 전속적 관할권을 미군 당국에 부여했다. 1950. 7. 12 대전에서 체결된 SOFA는 "주한미군 범죄에 대한 형사재판권에 관한 대한민국과 미합중국간의 협정"(약칭 대전협정)으로 체결 당시 전시라는 특수한 사정으로 인해 한국 정부는 미군 당국의 일방적인 형사재판 관할권을 인정했다. 외교통상부,『알기 쉬운 SOFA 해설』, (서울 : 외교통상부), 2002. p. 4.

3 Memorandum of Conversation : Delivery of Notes to Commonwealth Representative on Subject of Status of Forces Agreement with Republic of Korea, NARA;『한미 행정협정 문서 I (1954~1961)』, 국사편찬위원회, 2008. p. 40(자료 2). 국무부는 영연방 대표에게 한국과의 주둔군 지위 협정 문제에 관한 각서를 전달했다. 각서 내용에 대해 영연방 대표들은 미국 및 여타 유엔군 회원국들을 위한 주둔군 지위 협정이 동시에 협상될 것이라는 미국의 확신에 대해 만족감을 표시하였다. 한국과의 협정은 1953년 8월 8일의 이승만 대통령과 덜레스 국무부장관의 공동 성명을 반영하는 것이다. 즉, 이 공동성명에는 한국이 "유엔군 사령부와 계속 협력하며, 주한 유엔군의 지위 및 한국 시설과 용역에 대한 유엔군의 이용도 현재와 마찬가지로 지속될 것이다"라고 명시된 바, 이는 한미 간에 주둔군 지위 협정이 체결될 때까지만 유효하다는 것이다. 더욱이 한미 상호방위조약은 물론 이 공동성명의 명백한 의도는 그러한 협정

끝나고 체결된 1953년 10월 1일 한미상호방위조약 제4조에 따라 주한미군이 대한민국 영토 내에 주둔하게 되면서 주한미군의 법적 지위에 대한 협상이 필요했다. 한미상호방위조약 제4조 "상호적 합의에 의하여 미합중국의 육군, 해군과 공군을 대한민국의 영토 내와 그 부근에 배비하는 권리를 대한민국은 이를 허여하고 미합중국은 이를 수락한다."[4] 이때부터 한미 양국은 1966년 7월 9일 SOFA 체결에 이르기까지 13년 간 밀고 당기는 협상준비와 협상을 진행했다.

한미 SOFA 협상 기간은 1953년 이승만-덜레스 공동성명부터 체결이 이루어진 1966년까지로(국회비준은 1966년 10월, 협정 발효는 1967년 2월) 양국 정부 간 진행된 본 협상 뿐 아니라 본 협상을 시작하기 위한 협상준비 기간을 포함한다. 협상준비는 협상의 범위를 규정하고, 의제형성과 협상결과에도 영향을 끼친다. 또한 협상준비는 협상 당사자들에게 중요한 학습효과를 형성하며 협상에서 불확실성을 줄이는데 중요한 역할을 한다.[5] 실제로 한미 SOFA는 협상을 시작할 수 있는 조건을 다룬 협상준비 기간이 길고 치열했다. 협상준비를 마치고 개최된 양국의 SOFA 협상은 장면 정부에서 2회, 박정희 정부에서 82회에 걸쳐 진행되었다.[6]

을 "즉각 협상"하는 것이다. 그렇지만 한미 간의 주둔군 지위협정 최종타결에 이르는 가협정을 풀어나가는 것에 대해 우려할 필요는 없다. 왜냐하면, 협정이 어떤 형태로 타결되든 미국 및 여타 유엔군 회원국들을 위한 협상을 동시에 진행한다는 것이 미국의 의도이기 때문이다.

4 한미상호방위조약 제4조 "상호적 합의에 의하여 미합중국의 육군, 해군과 공군을 대한민국의 영토 내와 그 부근에 배비하는 권리를 대한민국은 이를 허여하고 미합중국은 이를 수락한다." 김계동, 『정전협정 전후 한미상호방위조약 체결협상』, (서울 : 국립외교원), 2019, p. 103.

5 Janice Gross Stein, (eds.), *Getting to the Table : The Processes of International Negotiation* (Baltimore : The Johns Hopkins University, 1989), p. 257.

협상의 주체는 한국 정부를 기준으로 세 시기로 나뉜다.[7] 한미 SOFA는 처음 협상을 준비한 이승만 정부, 짧은 집권 시기지만 협상을 시작했던 장면 내각, 협상과 합의에 이른 박정희 정부를 거쳐 체결되었다. 양국이 처음 협상에 임했던 때는 장면 내각이었지만 본 협상 2회만에 5·16 군사정변으로 중단되었기 때문에 실질적인 협상은 박정희 정부에서 시작된 것으로 본다.

한미 SOFA 협상은 외교협상이라는 관점에서 몇 가지 특징을 갖는다. 첫째, 당사국 정부가 중심이 된 전통적 행위자 협상이었다. 오랜 시간 협상준비와 협상을 전개하면서 한국은 이승만, 장면, 박정희라는 세 번의 정권 변화가 있었고 미국도 아이젠하워, 케네디, 존슨이라는 세 번의 정권 변화를 거쳤으며, 협상의 당사자는 한미 양국의 정부였다.

둘째, 협상의 결과는 협상팀의 실무 역량보다는 양국 정부의 정책결정자 혹은 외교부서의 전략이 중요한 영향을 끼쳤다. 한국은 이승만, 장면, 박정희 등 정책결정자의 입장이 중요했던 가운데 외교부서가 협상팀을 운영했고, 미국도 외교부서인 국무부와 주한미대사관이 협상팀을 운영했다. 특히 한미 SOFA는 협상을 시작하기 위한 협상준비 기간에서 논의된 내용이 본 협상에서 크게 달라지지 않았고, 협상 중 달라진 내용도 양국의 외교부서를 통해 논의되었다.

셋째, 한미 SOFA 협상은 국력의 차이, 한국의 안보를 위한 미군의 주둔이

6 이 연구의 핵심 사료 중 하나인 SOFA 회의록(총 82회)은 현재 외교부 외교사료관에 보관되어 있다. 현재는 미공개 방침에 따라 연구에 활용할 수 없지만 향후 한국 외교사 연구와 외교관의 협상 역량 교육을 위해 공개되기를 기대한다.

7 한미 SOFA의 협상 기간 국가지도자를 정리하면 다음과 같다. 한국은 이승만 대통령 1952년 8월~1960년 4월, 장면 총리 1960년 8월~1961년 5월, 박정희 국가재건최고회의 부의장, 의장, 대통령 1961년 5월~1967년 6월. 미국은 아이젠하워 대통령 1953년 1월~1961년 1월, 케네디 대통령 1961년 1월~1963년 11월, 존슨 대통령 1963년 11월~1969년 1월.

라는 점에서 협상의 구조가 한국 정부에게 불리했다. 6·25전쟁 중 체결된 대전협정은 전시라는 특수성으로 인해 주한미군에게 유리한 내용이었고, 6·25전쟁 이후에도 한국 정부는 미국의 군사 및 경제원조를 받거나 안보를 미국에 의존했던 상황에서 협상을 진행했다.

넷째, 한국 정부는 대통령을 중심으로 비교적 단일한 입장을 유지하면서 미국과 협상에 임했지만, 미국은 내부적으로 국무부과 국방부(군부 포함)의 입장이 확연히 달랐기 때문에 이를 조율해야 하는 과정이 병행되었다. 이처럼 미국은 외교협상의 다양한 행위자 모델을 보여주는 사례였다.

다섯째, 협상이슈 간 연계가 복합적으로 나타난 사례였다. 미국은 한국뿐 아니라 제2차 세계대전 이후 유럽의 NATO 국가들, 일본, 대만, 필리핀 등 아시아 국가들에서 미군을 주둔시키고 있었기 때문에 이들 국가와도 SOFA 협상을 체결했거나 협상하고 있었다. 따라서 한국 정부는 다른 우방국과 미국이 협상하는 SOFA와 연계하여 동등한 조건을 기대했고 이를 요구했다. 반면 미국 정부는 한미 양국 간 쟁점이 되었던 한국 군부정권의 민정이양, 한일협정, 한국의 베트남 파병 등 다른 이슈와 연계했던 협상이었다.

여섯째, 협상의 긴급성도 한미 양국이 달랐다. 정권의 변화에도 불구하고 대부분 한국의 정부는 주한미군의 사건이 발생할 때마다 SOFA 체결에 진전이 없다는 부정적 여론과 언론의 압박을 받았다. 그 결과 한국 정부는 미국보다 협상 시작과 협상 타결에 조급함을 드러냈다. 반면 미국은 아무리 협상을 잘하더라도 대전협정보다 유리할 수 없었기 때문에 빨리 SOFA를 체결할 필요가 없었다. 이러한 협상의 긴급성 차이는 협상을 시작하기 위한 협상준비 과정에서 한국에게 불리한 여건을 조성했다.

외교협상은 국제적, 국내적 상황과 협상 당사국의 역량 등 다양한 요인이 복합적으로 영향을 끼친다. 반복되는 이슈는 있어도 반복되는 과정은 없다고 할 수 있을 정도로 다양하다. 그렇지만 모든 외교협상은 협상 행위자, 이익, 전략 등 협상에서 자국의 이익을 극대화하기 위한 공통된 요인이 존재하기 때문에 상대방과 과거 협상사례를 파악하는 것은 반복되는 외교협상에서 중요한 자산이 된다. 특히 한미 SOFA는 동맹관계인 양국의 협력 수준, 갈등 요인 등을 잘 보여주기 때문에 '동맹의 거울'로도 불린다. 1966년 SOFA 체결 이후 1991년과 2001년 두 차례 개정된 SOFA도 역사적으로 한미동맹의 변화를 보여주는 좋은 사례이다. 이런 점에서 1966년 한미 SOFA 협상 사례 연구는 미군이 한반도에 주둔하는 상황에서는 반복될 수 있는 정책적 이슈이며, 한미관계의 다른 양자 협상에도 참고가 될 수 있다. 예를 들어 대표적인 한미 간 협상 이슈인 방위비분담도 한미 SOFA 제5조(시설과 구역-경비와 유지)를 근거로 체결한 1991년 방위비분담 특별협정(special measures agreement)을 통해 진행되고 있다.

1. 협상의 배경

주한미군은 한반도 분할통치를 위해 1945년 진주한 이래 1949년 철수할 때까지 치외법권적인 지위를 누렸다. 1950년 6·25전쟁이 발발하자 미군은 다시 주둔한 한반도에서 이전과 같은 특권을 회복하고자 했다. 1950년 7월 12일 주한미대사관은 한국 외무부에 미군에 대한 배타적 재판권을 중심으로 하는 주한미군의 지위 승인을 요청했다.[8] 이에 이승만 정부는 피난지인 대전에서 외무부를 통해 미국 정부의 요구를 승인한다고 통보함으로써 일명 '대전협정'이 체결되었다 이로써 미군과 미국 기관은 한국에서 다시 한번 특권적 지위를 누리게 되었다.

6·25전쟁이라는 절박한 상황에서 한미 양국 간의 각서교환형식으로 체결한 대전협정은 미군의 신분과 지위에 관하여 미국 정부에게 배타적 재판권을

---

8 주요 내용은 다음과 같다. 미국 군법회의에서 행사되어야 하며, 한국인이 미국 군대와 미국인에 가해행위를 저질러 미군이 한국인을 구속해야 할 경우에는 한국 경찰에 체포되어 인도할 것이며, 한국 정부는 북한이 침공한 상황에서 어떤 경우라도 미국 군대와 미국 기관에 복종할 것을 지시할 수 없으며, 지방 재판소가 존재하지 않은 경우가 아니라면 미국 군법회의는 한국인을 재판하지 않는다.

허용했으며, 1952년 5월 24일 체결된 한미 간 경제조정에 관한 협정(일명 : 마이어 협정)[9]에서도 미국을 포함한 UN사령부 산하 개인과 기관에 대한 임무상 특권과 면제를 제공함으로써 광범위한 권한을 주한미군에게 부여했다.[10] 다급한 전시상황에서 형식적으로 보였던 대전협정은 6·25전쟁 이후에도 외국군 군대(미군, UN군)에 의해 이루어진 위법행위를 한국 정부가 제재할 수 없다는 한국민의 좌절과 분노를 촉진했다.[11]

대전협정의 문제는 형사재판권에서 분명히 드러난다. 일반적으로 외국영토에 체류하는 군대의 경우 체류국 관할권으로부터 일정한 면제가 인정되나, 면제의 범위는 파견국과 체류국 간 합의된 규제조건에 따른다. 만약 합의가 없는 경우에는 체류국 영토주권에 의해 체류가 허가된 상황에 따라 다를 수 있다. 외국군대의 지위에 관한 협정 중 가장 중요한 부분은 바로 형사재판권의 문제이다.

일반적으로 외국에 체류하는 군대 구성원의 범죄행위에 대한 재판권 행사방식은 세 가지 유형으로 구분된다. 첫째, 원칙적으로 체류국이 재판권을 행사하도록 하는 속지주의(territorial principle) 둘째, 파견국이 배타적 관할권을 갖는

---

9   1952년 5월 25일 한국 정부는 전시 징발에 따른 시설, 구역, 물품의 조달을 미군 등의 유엔군에도 적용한다는 내용으로 "한국과 통일사령부 간의 경제조달에 관한 협정"(마이어협정)이 체결되어 미군 시설 및 구역의 무기한, 무제한 사용이 가능했다. 남기정, "한미지위협정 체결의 정치과정", 심지연, 김일영, 『한미동맹 50년』, (서울 : 백산서당), 2004.

10 외무부, 『한국외교 30년』, (서울 : 외무부), 1979, p. 116. 통합사령부와의 협정 'Agreement on Economic Coordination between the Republic of Korea and the United Command'(일명 마이어 협정)도 대전협정과 함께 불평등 협정이다.

11 도널드 맥도널드, 한국역사연구회 1950년대반 역, 『한미관계 20년사(1945~1965)』, (서울 : 한울아카데미), 2001, pp. 139~146.

속인주의(nationality principle) 셋째, 형사재판권은 원칙적으로 체류국에 있는 것으로 하고 공무 중 혹은 일정한 범위 내의 범죄에 대해 파견국이 관할하는 절충적 입장이다.

이 중 속인주의는 자국이 파견한 군대의 규율과 명령의 유지, 국가기관으로서의 군대의 권위 및 사기 유지, 체류국 제도와 체류국 보호 능력의 불신 등을 근거로 채택되고 있다. 반면 속지주의는 불평등한 속인주의 색채를 제거하고, 체류국의 영토주권을 보장하기 위한 이유 등을 근거로 한다. 그 외에도 범죄발생지에서 당해 범죄를 담당하는 실질적 효용성을 반영한다.

예를 들어 NATO SOFA는 제7조 제1항에서 일정한 범죄에 대하여 파견국이 1차적 관할권을 갖고, 체류국은 2차적 관할권을 갖는다고 규정한다. 이는 속인주의 입장에 속지주의를 절충한 내용이다. 반면에 미국-에티오피아 SOFA는 미군 구성원이 에티오피아 법원의 형사재판권에서 면제되며, 공무집행과 관련한 사항은 에티오피아 법원의 민사재판권에서도 면제된다고 규정한다. 단서로만 특정한 경우 미국은 그러한 면제를 포기할 수 있다고 규정한다. 이러한 규정은 실질적으로는 파견국의 배타적 관할권을 인정한 속인주의 규정이다.[12]

그런데 대전협정은 가장 불평등한 주둔군 지위협정으로 평가되는 미국-에티오피아 SOFA와 같은 유형이었다. 미국-에티오피아 SOFA 제17조 2항에서 "군당국은 에피오피아 영토 내에서 미군에 대하여 미국 법규에 의하여 부여된 재판관할권을 행사한다."고 규정하고 제17조 제3항에서 "미군 구성원은 에티

---

12 성재호, "한미 주둔군지위협정의 형사관할권 문제,"『서울국제법연구』, Vol 5, No. 2, 1998, pp. 4~5.

오피아의 형사재판권으로부터 면제된다."고 규정함으로써 대전협정과 유사하다.[13]

2. 협상의 주요 쟁점

한미 SOFA의 주요 쟁점은 협상 내용과 협상 전략으로 구분할 수 있다. 먼저 SOFA 협상 내용에서 양국의 이견이 계속된 문제는 형사재판권, 민사청구권, 노동 조항이었다. 형사재판권 조항의 쟁점은 주한미군에 대한 형사재판권을 한국과 미국 중 누가 우선적으로 행사하느냐의 문제였다. 또한 공무 중 범죄에 대해 미국의 형사재판권을 인정하더라도, 공무의 범위를 어디까지로 규정할 것인가에 대한 이견이 있었고, 중대한 범죄에 대해 한국이 예외적으로 형사재판권을 행사할 수 있더라도, 중대성의 범위를 어디까지로 규정할 것인가에 대한 이견이 있었다. 이 밖에도 한국의 형사재판권을 우선 인정하더라도 미국이 형사재판권 행사를 제한하는 규정을 비밀로 할 것인가에 대한 이견도 있었다.

민사청구권 조항의 쟁점은 주한미군이 사용한 시설에 대한 손실과 사용료를 누가 보상할 것인가에 대한 문제였다. 공무 중 발생한 손실 보상에 대해 주한미군의 고의성을 어디까지 규정할 것인가에 이견이 있었고, 한국 방위를 위해 주둔하는 미군의 시설 사용료를 언제부터 지불할 것인가에 대한 이견이 있었다.

---

13 이석우, 『한미행정협정연구』, (서울 : 민), 1995, pp. 23~25.

노동 조항의 쟁점은 주한미군에 소속된 한국인 노동자들의 권리를 어디까지 인정할 것인가에 문제였다. 주한미군 소속의 노동자들이 부당한 처우를 신고할 수 있는 절차와 대항할 수 있는 파업권을 어떻게 규정할 것인가에 대한 이견이 있었다.

다음으로 협상 전략에서 나타난 주요 쟁점은 대내적 이슈와 대외적 이슈로 나뉜다. 대내적 이슈는 한국 정부가 희망하는 NATO 형식의 SOFA 체결에 대해 미국의 반대와 지연 전략에서 활용되었다. 한국의 정전체제라는 특수한 상황, 신뢰할 수 없는 한국의 사법체계 등 대내적 이슈는 미국에게는 SOFA 협상에서 NATO 형식에 동의하지 않거나 협상 자체를 지연하는 명분이 되었다. 반면 한국은 정전체제가 임박한 위험이 없는 안정된 상황이고, 범죄인 관리나 재판절차 등 사법체계도 적합하게 운영된다는 입장이었기 때문에 이견이 있었다.

다른 대내적 이슈로는 SOFA 협상이 지연되는 과정에서 반복된 주한미군 범죄를 들 수 있다. 한국은 주한미군 범죄가 지속되고 있음에도 불구하고 SOFA 체결의 지연되자 한국민의 반미감정, 주권국가로서 자존심 훼손을 협상 전략으로 활용했다. 이와 연관해서 국회와 언론에서도 SOFA 체결을 성사하지 못한 책임을 정부에 따지거나, 외무장관 등 정부 관료들의 능력을 비판하자 한국 정부는 이를 협상 전략으로 활용했다. 나아가 주한미군 범죄나 SOFA 체결의 지연은 4·19 혁명과 5·16 군사정변 이후 확산된 민족주의 정서와도 연계되어 SOFA 협상에 대한 한국 정부의 부담을 가중시키기도 했다. 이로 인해 한국 정치지도자 중에는 협상 내용보다 형식에 치중하는 모습을 보이기도 했지만 미국과의 협상에서 민족주의 압력을 활용하기도 했다.

반면 미국은 주한미군 범죄 발생으로 반미여론이 높아질 때마다 유감을 표명하고 재발방지를 약속했으며, SOFA 협상 시작을 다시 검토하는 등 수세적인 입장에 놓이곤 했다.

한편 한국은 6·25 전쟁 이후 취약한 안보상황에서 미국의 군사적, 경제적 지원을 필요로 했기 때문에 한국군 현대화, 군사원조 및 경제협력 문제에 우선하는 경향이 있었다. 이로 인해 미국은 외부의 지원이나 투자를 요청할 수밖에 없는 한국의 상황을 활용하여 협상 전략에 활용하기도 했다. 더욱이 한국 정치지도자들은 미국 방문 때마다 SOFA 협상에 적극적으로 대응하기 보다 다른 지원을 우선하거나 자신들에 대한 정치적 지지를 얻는데 주력함으로써 SOFA 협상 전략으로 활용하지 않는 경향을 보였다. 이처럼 미국의 군사적, 경제적 지원과 정치적 지지를 확보하는 문제는 SOFA 협상의 대내적 이슈 중 하나였다.

협상 전략의 쟁점이 되었던 대외적 이슈로는 미국과 다른 국가의 SOFA 협상 및 체결이 한미 SOFA 협상에서 활용되었던 점이다. 한국은 같은 시기 미국과 SOFA 협상을 진행했던 필리핀, 대만 등과 한미 SOFA를 비교했으며 특히 형사재판권에서 체류국의 행사를 인정한 NATO SOFA나 미일 SOFA와 동등한 대우를 요구했다. 그러나 미국은 국가별로 다른 상황을 고려한 SOFA 협상에 임했기 때문에 한국과의 협상에서 쟁점이 되었다.

다른 대외적 이슈로는 미국의 외교정책과 관련된 한미 간의 쟁점을 들 수 있다. 예를 들어 베트남 전쟁에 한국 전투부대를 파병하는 문제, 대한정책의 일환이었던 한국과 일본의 국교정상화 문제를 들 수 있다. 미국은 베트남 전쟁에 수행하면서 점차 많은 병력이 필요하자 우방국의 참전을 요청했는데 한국

은 이러한 요구에 협력하는 동시에 원하는 내용을 반영하기 위한 SOFA협상
전략으로 활용했다. 또한 미국은 대한정책으로서 미국의 부담을 완화하고자
한국에 대한 일본의 경제적 지원, 한국의 자립적 경제발전을 도모했는데 한일
국교정상화는 이러한 방안의 하나였다. 한국은 미국이 원하는 한일협정을 추
진하면서 이 문제를 SOFA 협상 전략으로 활용했다.

1. 이승만 정부의 SOFA 협상

가. 이승만-덜레스 공동성명 공약과 미국의 초기 협상 전략

한미 SOFA 협상은 1953년 8월 8일 이승만 대통령과 덜레스 국무장관 사이에 체결된 한미상호방위조약 당시 공동성명에서 아래와 같이 공약된 사항이었다.

> (미국은) 우호와 이해에 기초한 협의관계 위에서 한국의 통일을 포함한 공동목표를 달성하는데 진심으로 협력할 것이며, 상호방위조약이 발효된 후 주한미군의 지위를 포함한 제반 협정들과 공동임무의 완수를 위해 요구되는 한국의 시설 및 용역과 관련된 협상을 즉시 시작할 것이다. 그 사이에 한국은 유엔사령부와 계속 협력하며, 한국에 주둔하고 있는 유엔군의 지위와 한국측 시설 및 용역의 이용은 현행과 동일하게 지속될 것이다.[밑줄과 괄호는 저자][14]

14 "Incoming Telegram from Seoul to the Secretary of State," August 7, 1953. RG59, Records of the US Department of State Relating to the Internal Affairs of Korea 1950~54, 795.00/8-753. NARA; "Joint Statement Issued at Seoul by Korean President Syngman Rhee and U.S. Secretary of State John Foster Dulles Regarding Post-Armistice R.O.K.-U.S. Policy," August

그러나 덜레스 국무장관의 공약은 아이젠하워 행정부 내에서 합의된 사항은 아니었던 것으로 보인다. 왜냐하면 공동성명에도 불구하고 1953년 9월 美국방부는 한국과의 SOFA 체결이 대전협정보다 미군에게 불리할 것이라며 협상에 반대했기 때문이었다.[15] 美국방부는 SOFA 협상을 시작할 수 밖에 없다면 일괄협정이 아닌 사안별 협정을 선호했다. 반면 국무부는 국방부에 비해서는 SOFA 체결에 긍정적이었다. 기본적으로 국무부는 이승만-덜레스 공동성명의 가치를 중시했다. 또한 미일 SOFA 사례와 같이 한국과 SOFA를 체결함으로써 한미 상호방위조약의 상원 비준에 유리할 것으로 판단했다.[16] 따라서 국무부는 한미 상호방위조약의 효력이 발휘되는 동시에 SOFA도 효력을 갖도록 빠른 협상을 희망했다.

국무부가 상호방위조약의 비준(1954년 1월)과 별도로 SOFA 협상을 진행할 경우, 이승만 정부가 상호방위조약의 국회 비준을 레버리지로 활용하여 SOFA 협상에서 요구를 더 많이 할 것으로 판단했다. 이를 위해 국무부는 SOFA 협상의 대상을 UN군과 분리하여 주한미군으로 한정한 후 한미 간 양자 협정을 체결하고자 했다. 국무부는 SOFA 협상에 UN군 참전국가들의 다양한 이해관계를 포함할 경우 미국에 유리한 협상이 어려울 것으로 봤다.[17]

7, 1953, *Documents on Korean-American Relations 1943~1976* (Seoul : Research Center for Peace and Unification, 1976), pp. 183~185.

15 "Outgoing Telegram from Department of Defense to CINCUNC," September 15, 1953. RG59, Records of the US Department of State Relating to the Internal Affairs of Korea, 1950~54, 795.00/8-753, NARA.

16 미일 SOFA는 1952년 2월 효력이 발생했고, 미일 (구)안보조약은 1952년 4월 효력이 발생되었음. 이후 조약의 기한인 10년을 앞두고 1960년 1월 미일 (신)안보조약이 다시 체결되면서 (구)안보조약의 내용이 그대로 계승되었다.

그러나 국무부의 협상전략은 SOFA 협상을 반대한 국방부로 인해 실현되지 못했다. 이후 한미 상호방위조약이 양국에서 비준되자 국무부도 빠른 SOFA 협상의 필요성을 느끼지 못했다. 아이젠하워 행정부는 1950년대 말까지 이승만 정부의 SOFA 협상 요구에 대해 지연 전략으로 나왔고 국무부의 초기 전략과 반대로 주한미군과 UN군을 포함한 SOFA 체결이 필요하다고 주장했다.

나. 이승만 정부의 협상 전략과 미국의 대응

협상 준비 초기 이승만 정부는 SOFA 협상 시작에 낙관적이었다. 1954년 초 이승만 정부는 SOFA 협상을 시작하는데 일주일이나 열흘이면 충분할 것으로 예상했으며,[18] 협상 과정에서 한국이 형사재판권을 행사할 수 있을 것으로 판단했다. 백두진 국무총리는 클라크(Mark W. Clark) UN군 사령관에게 "공공 요금 문제를 규정할 정당한 협정을 위한 협상 시기"라면서 협상의 필요성을 강조했다.[19] 국무총리실 대변인도 1954년 1월 11일 이승만 정부가 UN군 사령부와 체결할 SOFA 초안을 작성 중이며 "UN군 사령부 소속 인원에 대한 형사재판권을 한국이 행사하는 것"을 주요 내용으로 한다고 발표했다.[20]

---

17 "From Robertson to McClurkin," November 10, 1953, RG59, Confidential US State Department Special Files 1950~57, 795.5/11-1053, NARA.

18 "Incoming Telegram From Seoul To Secretary of State," February 22, 1954, RG59, Confidential US State Department Special Files : Korea 1950~57, 795.00/2-2254, NARA.

19 1953년 12월 2일 조정환 외무장관 서리는 브릭스(Ellis O. Briggs) 주한미대사에게 SOFA 체결까지 잠정 조치로 '세관업무에 관한 한미협정' 체결을 제안하기도 했다.

20 "Incoming Telegram from Seoul to Secretary of State," January 14, 1954, RG59, Confidential US State Department Special Files : Korea 1950~57, 795.00/1-1454, NARA.; 『한미 행정협정 문서 I (1954~1961)』, 국사편찬위원회, 2008, p. 39(자료 1).

이처럼 이승만 정부가 SOFA 협상 시작을 서두르자 국무부는 주한미대사관에 한국 사법체계 정보를 빨리 보내달라고 요청하면서도[21] 미국 뿐 아니라 UN군 참전국과 협상을 동시에 진행하겠다고 밝혔다. 국무부는 영국, 호주, 캐나다 등 UN군 참전국가와 이 문제를 협의했는데, 이는 SOFA 협상 참가자를 다수로 만들어 지연하려는 전략이었다. 실제로 맥클러킨(Robert J.G. McClurkin) 국무부 동북아담당은 SOFA 협상에서 두 가지 쟁점(형사재판권과 재정문제)을 예상하면서 UN군 참전국까지 함께 협상하면 해결이 어려울 것으로 봤다.[22]

주한미대사관도 이승만 정부가 NATO SOFA에 준하는 형사재판권 부여를 요청할 것으로 예상했다. 당시 미국과 UN이 일본에게 형사재판권을 부여했기 때문이었다. 그러나 미국은 한국이 NATO와 달리 완전한 종전은 아니기 때문에 NATO SOFA 방식을 적용할 수 없으며, 이를 이승만 정부에 빨리 전달하는 게 협상에 유리하다고 판단했다. 만약 미국의 입장을 명확히 하지 않으면 이승만 정부가 여론을 동원하여 압박할 수 있다고 봤다. 이처럼 협상 준비부터 미국은 한국에게 형사재판권을 부여하는데 부정적이었다.

무엇보다 한미 SOFA가 미일 SOFA와 동등할 수 없었던 배경에는 한국의 사법체계에 대한 국무부의 부정적 평가가 있었다. 당시 미국은 일본의 사법체계와 재판 방식을 6개월 간 평가해왔는데 일본 법정이 미국 법정만큼 피고의 권리를 충분히 존중한다고 판단했다. 반면 한국에서는 미군 피의자에 대한 정

---

21 "State Department Instruction to Seoul," February 5, 1954, RG59 Confidential US State Department Special Files : Korea 1950~57, 795.00/2,354, NARA.

22 "Memo of Conversation," February 10, 1954, RG59 Records of the U.S. Department of State Relating to the Internal Affairs of Korea, 1950~54, 795.00/2-1054, NARA; 『한미 행정협정 문서 I (1954~1961)』, 국사편찬위원회, 2008, p. 40(자료 2).

당한 재판을 기대할 수 없다고 판단했다. 이런 점에서 국무부는 형식적으로는 한미 SOFA도 미일 SOFA와 동일한 방식을 취하되 미국이 실질적인 형사재판권을 행사하도록 이승만 정부의 동의를 얻고자 했으며, 이를 개별협상으로 다루고자 했다.[23]

1954년 7월 예정된 이승만 대통령의 미국 방문을 앞두고 아이젠하워 행정부는 SOFA 협상을 최대한 지연하고자 했으며, 방미 기간 이승만 대통령이 SOFA 문제를 의제로 상정할 경우에만 논의할 준비를 했다. 만약 이승만 대통령과 논의가 있더라도, 주한미군 비용과 보상 문제는 개별적으로 협상하고, 형사재판권 문제는 한국의 양보를 받아내고자 했다.[24] 구체적으로 미국은 이승만 대통령이 제기할 SOFA 문제를 다음과 같이 예상했다.[25] 첫째, SOFA 협상은 이승만-덜레스 공동성명에 따라 즉시 시작해야 한다. 둘째, 형사재판권, 기지 사용권, 한국 시설 및 용역의 민사청구권/사용료를 협상에 포함해야 한다.[26]

---

23 『한미 행정협정 문서 I (1954~1961)』, 국사편찬위원회, 2008, p. 42(자료 3). 당시 일본 사법체계에 대한 미국의 신뢰는 주일미군 지라드의 1차 재판권을 일본에 위임하는 과정에서도 확인된다. 아이젠하워 대통령, 맥아더 주일미국대사 등이 일본 사법체계에 강한 신뢰를 보였다. BO RAM YI, "GIS and Koreans : The Making of the First ROK-US Status of Forces Agreement, 1948~1966," Ph.D. Dissertation, University of Georgia, 2006, p. 119.

24 이러한 미국의 입장은 "만약 우리가 (한국과) SOFA 체결을 해야 한다면, 우리는 한국에게 NATO SOFA 형식을 제시하더라도 한국이 일정기간 재판권 행사를 포기할 것이라는 원칙적인 합의를 요청한다."라는 '이승만 대통령의 방미시 한국 정부에 요구할 사항'에서 확인된다. "From Robertson to McClurkin," June 29, 1954, RG59, Confidential US State Department Special Files 1950~57, 795.5/11-1053, NARA; 『한미 행정협정 문서 I (1954~1961)』, 국사편찬위원회, 2008, p. 47(자료 5).

25 『한미 행정협정 문서 I (1954~1961)』, 국사편찬위원회, 2008, pp. 49~50(자료 6-1, 6-2).

26 청구권은 전쟁 기간 중에 발생한 회계로 정의됨(편의상 1953년 8월 1일 이전), 사용료는 그 이후 시기에 발생한 회계로 정의됨.

셋째, 빠른 협상을 위해 형사재판권은 민사청구권/사용료 문제와 분리하여 협상할 수도 있다.

　반면 미국의 입장은 첫째, 극동아시아의 정치적, 군사적 상황이 여전히 불확실하기 때문에 기지 사용권 뿐 아니라 형사재판권도 당분간 유지되는 것이 바람직하다. 둘째, 한국이 미군과 UN군을 포괄하는 협정을 체결할 경우 UN군에 대한 형사재판권을 행사할 수 있으므로, 미국은 UN군 참전국들과도 협의할 필요가 있다. 셋째, 그럼에도 불구하고 한국이 주둔군의 지위 및 기지 사용권에 관해 포괄적 협정을 고집할 경우에는 이승만-덜레스 공동성명에 따라 협상을 시작할 수밖에 없다[27]는 입장이었다.

　결과적으로 SOFA 협상 준비과정에서 미국이 예상했던 이승만 정부의 압박은 없었다. 실제로 1954년 7월 이승만 대통령은 아이젠하워 대통령과 회담에서도 한반도 통일문제와 한국군 현대화 등을 논의했지만, SOFA 협상에는 무게를 두지 않았다. 여기에는 미국이 전달한 협상준비 과정의 부정적 인식도 영향을 미친 것으로 보인다.[28]

　자연스럽게 이승만 대통령의 미국 방문 이후에도 SOFA 협상 준비는 별다른 진전이 없었다. 이승만 정부가 SOFA 협상 준비에 나선 것은 1955년 3월이었다. 변영태 외무장관은 전년도 발생한 UN군 범죄를 근거로 UN군 사령관에게 재발방지를 촉구하면서 한국민과 우호적인 관계를 위해 UN군 범죄자에 대한 적절한 조치를 강조했다.[29] 이어서 4월 28일에는 UN군의 법적 지위를 규

27　『한미 행정협정 문서 I (1954~1961)』, 국사편찬위원회, 2008, pp. 53~54(자료 7-1, 7-2).
28　"이승만 대통령 미국 방문, 1954. 7. 25~8. 8." C-0002, 0006~0058, 1954, 외교부 외교사료관.
29　"주한미군에 의해 발생된 제사건의 방지를 요청하는 주한국제연합총사령관에 보낸 변영

정한 SOFA 초안을 주한미대사관에 제시하면서 한국민과 UN군 간에 불필요한 오해를 줄이고 협력관계의 확대할 수 있는 SOFA 체결을 요구했다.[30]

다. 미국의 협상 지연 전략과 이승만 정부의 대응

국무부는 이승만 정부가 SOFA 초안을 제시하며 협상 시작을 요구하자 형사재판권 문제를 회피하고자 지연 전략으로 대응했다. 1955년 5월 13일 국무부는 한국과 협상 중이던 우호통상항행조약과 공공요금의 정산 및 UN군에 대한 관세협정을 먼저 다루자며 SOFA 협상 요구에 반대했다.[31]

이러한 미국의 협상 전략은 새로 부임한 레이시(William S. B. Lacy) 주한미대사가 6월 3일 국무부에 제안한 시간끌기용 방안에서도 확인된다. 주한미대사관은 이승만-덜레스 공동성명으로 인해 한국의 SOFA 협상 요구를 수용할 수밖에 없다고 판단하면서도, 난항이 예상되는 형사재판권 협상을 최대한 늦추고자 했다. 이를 위해 한국 외무부가 제한된 인력으로 동시에 여러 가지 사안을 검토하기 힘들다는 점을 이용했다. 실제로 국무부는 협상 중이던 한미 우호

태 외무장관 서한" March 19, 1955; 외무부 『대한민국외교연표, 1948~1961』(서울 : 외무부), 1963.

30 "Letter To Charge d; Affairs From Minister of Foreign Affairs, Republic of Korea," April 28, 1955, RG59, Confidential US State Department Special Files 1950~57, 795B.5/5-655, NARA; 『한미 행정협정 문서 I (1954~1961)』, 국사편찬위원회, 2008, p. 62(자료 13).

31 한미 우호통상항해조약(The Treaty of Friendship Commerce and Navigation between the ROK and the USA)은 양국 간 통상, 거주, 항행 등에 관해 서로 최혜국민 대우와 내국민 대우를 부여한 조약으로 1956년 11월 양국의 서명과 1957년 10월 비준으로 발효되었다. "Outgoing Telegram from Department of State(Hoover) to AmEmbassy, Seoul," May 13, 1955, RG59, Confidential US State Department Special Files : Korea, 1950~57, 795B.5/5-355, NARA.

통상항해조약이 마무리되면 민사청구권 문제를 제기하여 시간을 벌 수 있다고 봤으며 잉여 재산 및 폐품 처분에 관한 협정도 논의하도록 했다.[32]

아이젠하워 행정부가 협상 시작을 지연하자 한국이 SOFA 초안을 제시한 지 1년이 지났지만 협상은 열리지 못했다. 1956년 4월 변영태 외무장관은 레이시 주한미대사에게 다시 한번 SOFA 협상을 촉구하며 한국의 협정(안)을 제시했다. 이때 이승만 정부는 SOFA 협상 시간을 단축하고자 미군과 먼저 협상하기로 입장을 바꾸었다. 이러한 의도에서 한국의 협정(안) 국문본은 '대한민국과 통합사령부 간의 국제연합군의 지위에 관한 행정협정안'으로 표기되었지만, 영문본은 '주한미군에 의해 사용되는 시설과 구역에 관한 행정협정안'(The Draft Administrative Agreement on the Facilities and Areas to be used by the United States Forces in Korea)으로 다르게 표기되었다.[33] 1956년 11월 SOFA 협상 지연의 명분이었던 한미 우호통상항행조약에 서명한 이후 SOFA 협상을 요구했다.

이에 대해 미국은 한국이 표면상 아직 전시상황이고 미군은 한미 상호방위조약이 아닌 UN군의 일원으로 주둔하고 있기 때문에 미군만 개별적으로 SOFA 협상을 할 수 없다고 밝혔다.[34] 여기에 한국이 전시상황이라는 근거로

---

32 『한미 행정협정 문서 I (1954~1961)』, 국사편찬위원회, 2008, p. 63(자료 14).

33 이러한 의도에서 한국의 협정(안) 국문본은 '대한민국과 통합사령부 간의 국제연합군의 지위에 관한 행정협정안'으로 표기되었지만, 영문본은 '주한미군에 의해 사용되는 시설과 구역에 관한 행정협정안'(The Draft Administrative Agreement on the Facilities and Areas to be used by the United States Forces in Korea)으로 다르게 표기되었다. "주한미군이 사용 중인 토지, 건물 및 시설에 관한 한·미국간의 협정안 기초 및 검토자료," J-0002, 0135~0141, 1955~59, 외교부 외교사료관.

34 "Memorandum of Conversation of the Department of State," February 4, 1957, RG59,

한국 대법원 판례를 들기도 했다.[35]

그러나 1957년 4월 12일 양주를 실은 화물열차 강도사건이 발생하자 한국 내 반미여론이 급속히 높아졌다.[36] 당시 *Korea Times*는 열차 강도사건에 연루된 美헌병이 뇌물을 받았던 자신의 공모사실을 감추기 위해 한국인을 살해했다고 보도했다. 국회에서도 4월 24일 조정환 외무장관을 출석시켜 미군 사건의 발생경위 뿐 아니라 SOFA 체결 문제에 대해 강도 높은 질의가 있었다. 김건호 의원은 "군기를 감독해야 할 미군 헌병 80명이 집단적으로 불법을 감행했을 뿐 아니라 동 사건에 대해 미측이 성의있는 태도를 보이지 않는데 이는 민족적 굴욕이 아닌가? 행정협정이 체결 안 되었다고 해서 주권국가로서 전혀 그들에게 치외법권적인 특권을 부여해야 하는가? 이 사건에 미국 행정부 수뇌에 엄중 항의할 용의는 없는가?"라고 물었다. 이에 대해 조정환 외무장관 등은 미국에 강력하게 항의하겠다고 밝혔다.[37]

실제로 4월 말 이승만 정부는 SOFA 협상 시작이 지연되는데 대해 미국을 압박했다. 첫째, 한국은 북한과 준전시상태에 있지만 기본적으로 평화로운 상황이고 둘째, 미국과 먼저 협상을 시작한 이후 동일한 패턴으로 UN군과 협상

795B.5/2-457, NARA; 『한미 행정협정 문서 I (1954~1961)』, 국사편찬위원회, 2008, p. 65(자료 15).

35 네스(David G. Nes) 국무부 동북아시아과 한국담당은 한국은 NATO와 달리 아직 전쟁 중이고 이는 최근 한국 대법원 판례에서도 확인된다고 밝혔다. 예를 들어 1956년 '강문봉 중장사건'의 재판관할권을 둘러싼 판례에서는 "현 휴전기간을 전시로 규정"하고 군법회의의 재판권할권을 인정했다.

36 이보다 앞서 4월 5일 Korea Republic은 파주인근 불법수색에 대한 이근식 내무장관의 공식 항의를 전하면서 "외국군대는 한국인을 수색할 권한"이 없다는 발언을 보도했다.

37 『제24회 국회임시회의 속기록』, 국회사무처, 제26호 (1957. 4. 24.).

할 준비가 되어 있으며 셋째, 미국이 지연 이유로 제시했던 우호통상항해조약
도 이미 체결되었기 때문에 더 이상 SOFA 협상을 미룰 이유가 없다고 지적했
다. 이어서 외무부는 4월 초 양주열차 강도사건과 미군의 파주인근 마을 불법
수색 등으로 한국 내 여론이 악화되었기 때문에 SOFA 협상을 빨리 시작하자
는 항의 각서를 준비했다.[38]

이처럼 이승만 정부가 SOFA 협상 시작을 압박하자 다울링(Walter Dowling)
주한미대사는 이승만 정부에게 제시할 SOFA 협상 시작의 전제조건을 국무부
에 제안했다. 첫째, SOFA 협상에서 형사재판권 문제를 제외한다. 둘째, (논의
가 있더라도) 한국의 정치적 안정이 달성될 때까지 형사재판권 조항의 효력을
중지한다. 주한미대사관은 이승만 정부가 SOFA 내용보다 형식을 중시했기 때
문에 이러한 전제조건을 수용할 것으로 봤다.[39] 그러나 당시 미국은 1957년 1
월 일본에서 발생한 주일미군 지라드(Girad) 병사에 관한 재판으로 SOFA 관련
의회 분위기와 여론이 부정적이었다.[40] 미국 내에서는 지라드 재판과 관련해

---

38 "Incoming Telegram from Seoul to Secretary of State," April 26, 1957, RG59, 795.00/4-2657,
    NARA;『한미 행정협정 문서 I (1954~1961)』, 국사편찬위원회, 2008, p. 66(자료 16).

39 "Office Memorandum of the United States Government," May 9, 1957, RG59 Records of the
    US State Department Relating to the Internal Affairs of Korea, 1955~59, C0019 Decimal File
    795B.5/5-1556 to 795B.5/12-3157, Roll No. 14, 795B.5/5-957, NARA;『한미 행정협정 문서
    I (1954~1961)』, 국사편찬위원회, 2008, p. 68(자료 17).

40 1957년 1월 30일 일본 군마현에 있는 미군 사격연습장 내 출입금지 장소에서 생활고로 탄피
    를 줍던 일본 여성을 미군 병사 윌리엄 S. 지라드가 사살한 사건이다. 사건 직후 미군측은 미
    일 SOFA 규정을 들어 지라드의 행위는 공무 중 발생한 것이므로 1차 재판권은 미측에 있다
    고 주장했다. 당시 미일 SOFA에 의하면 공무 중 범죄에 대해서는 미측이 1차 재판권을 갖되,
    다른 나라가 재판권을 요청할 경우에 그에 대해 호의적 고려하도록 규정했다. 이에 대해 일
    본 내에서는 평시 명백한 살인까지 치외법권에 해당되는지 대중적 비판이 일어났고, 미일
    SOFA의 불평등성에 대한 비판적 여론도 높았다. 결국 1957년 6월 4일 덜레스 국무장관, 윌슨

연방최고법원의 심리가 진행 중이었고 하원외교위원회에서도 이 문제가 논란을 빚고 있었다. 따라서 국무부는 이런 시기에 한국과 SOFA 협상을 시작하는 것은 매우 적절치 않고 SOFA 관련 입장을 밝히기도 어렵다고 판단했다.

한편 美국방부는 변함없이 한국과 SOFA 협상을 강력히 반대했으며, 추후 SOFA 토의를 시작할 수 있다거나 고무하는 어떤 조치도 한국 정부에 전달해서는 안된다고 입장이었다.[41] 이런 점에서 국무부는 주한미대사관에 "대외비를 전제로 한국 외무장관에게 현재 협상 요구는 양국 이해에 도움이 되지 않는다"고 구두 통지하도록 지시했다.[42] 또한 美국방부가 원하는 대로 대전협정에 보장된 주한미군에 대한 전속적 재판권을 휴전상황에서는 절대 포기할 수 없다고 전달했다.[43]

1957년 7월 8일 이러한 내용을 통보받은 김동조 외무차관은 SOFA 조항 중 형사재판권 협상을 최대한 연기하는 대신 덜 민감한 조항에 대한 개별협상을 제안했다.[44] 이 문제는 9월 허터(Christian A. Heter) 국무차관의 한국 방문을

국방장관은 공동성명을 통해 미일 관계들을 고려하여 1차 재판권을 포기한다고 밝혔다. 이후 일본 검찰은 5월 18일 지라드를 상해치사죄로 기소, 11월 19일 징역 3년에 집행유예 4년의 판결을 내렸다. BO RAM YI, 2006, pp. 108~119.

41 『한미 행정협정 문서 I (1954~1961)』, 국사편찬위원회, 2008, p. 76(자료 22).

42 "Outgoing Telegram from Department of State (Dulles) to AmEmbassy Seoul," July 2, 1957, RG59 Records of the Department of State, Internal Affairs of Korea, 1955~59, C0019 Decimal File 795B.5/5-1555 to 795B.5/12-3157, Roll No. 14, 795B.7/7-157, NARA; 『한미 행정협정 문서 I (1954~1961)』, 국사편찬위원회, 2008, p. 74(자료 20).

43 "Outgoing Telegram sent by Department of State (Dulles) To AmEmbassy, Seoul," July 22, 1957, RG59 Records of the Department of State, Internal Affairs of Korea, 1955~59, C0019 Decimal File 795B.5/5-1555 to 795B.5/12-3157, Roll No. 14, 795B.5/8-557 HBS, NARA.

44 "Incoming Telegram from AmEmbassy, Seoul to the Department of State, Washington," August 5, 1957, RG59 Records of the Department of State, Internal Affairs of Korea, 1955~59,

전후해서 다시 논의되었다. 조정환 외무장관은 허터 차관에게 한미 우호통상 항해조약도 이미 체결되었고, 투자보장협정도 체결 직전이므로 미국과 먼저 협상을 시작하자고 요구했다. 또한 협상 시작이 지연되는 이유로 한국의 전시 상황을 들고 있지만, 교전 상태는 1953년 종식되었고 재발 위험도 임박하진 않다고 주장했다. 이를 근거로 이승만 정부는 NATO SOFA 및 미일 SOFA에 준하는 한미 SOFA를 기대한다고 밝혔다.[45] 당시 이승만 정부는 허터 국무차 관의 방한이 SOFA 협상의 교착상태를 돌파할 기회라고 판단했으나, 허터 차 관은 이승만 정부의 제안에 대해 이해한다는 답변 외에는 별다른 반응을 보이 지 않았다. 허터 차관의 방한에 기대했던 이승만 정부로서는 실망했던 것으로 보인다.[46]

그럼에도 불구하고 조정환 장관은 다울링 대사와 협상 준비를 이어갔으며 11월에는 SOFA 개별협상을 공식 제안했다.[47]

구체적으로 '구매 및 과세 관세에 관한 협정', '민사청구권 청산 협정,' '주둔 군 사용시설 및 구역에 관한 협정', '출입국에 관한 협정', '형사재판 관할권에

C0019 Decimal File 795B.5/5-1555 to 795B.5/12-3157, Roll No. 14, 795B.5/8-557 HBS, NARA; 『한미 행정협정 문서 I (1954~1961)』, 국사편찬위원회, 2008, p. 75(자료 21).

45 『한미 행정협정 문서 I (1954~1961)』, 국사편찬위원회, 2008, p. 82(자료 26).

46 "Incoming Telegram from AmEmbassy, Seoul To the Department of State, Washington", November 21, 1957, RG59 Records of the Department of State, Internal Affairs of Korea, 1955~59, C0019 Decimal File 795B.5/5-1555 to 795B.5/12-3157, Roll No. 14, 795B.5/8-557 HBS, 795B.5/11-2157, NARA; 『동아일보』, 1957년 9월 18일.

47 "Foreign Service Despatch from AmEmbassy, Seoul to the Department of State, Washington," November 21, 1957, RG59 Records of the Department of State, Internal Affairs of Korea, 1955~59, C0019 Decimal File 795B.5/5-1555 to 795B.5/12-3157, Roll No. 14, 795B.5/8-557 HBS, NARA; 『한미 행정협정 문서 I (1954~1961)』, 국사편찬위원회, 2008, p. 85(자료 27).

관한 협정' 등이었다.[48] 다울링 대사도 한국 내 SOFA 협상 압력을 완화하고자 논란이 덜한 조항부터 개별적으로 협상하는데 공감하고 있었다.[49] 다울링 대사는 SOFA 문제를 포함한 정책 협의 및 휴가 목적으로 1958년 1월 23일 워싱턴으로 건너갔다.[50] 로버트슨(Walter Robertson) 국무부 극동아시아담당도 시설과 출입문제를 포함해 과세, 민사청구권 협상에 더 이상 반대하는 것이 미국의 국익에 부합하지 않는다고 믿었다. 약 6만 명에 달하는 주한미군의 주둔으로 발생하는 실질적인 문제들을 고려할 때 대전협정보다 공식적이고 동등한 협정이 필요하다는 입장에 공감했다. 특히 다울링 대사와도 논의했듯이 SOFA 체결이 지연되는 것은 한국의 주권과 국제적 지위에 대한 한국민의 감정을 자극하고 있으며 필리핀, 대만과 SOFA 협상을 진행 중이므로 이런 감정은 더욱 나빠질 것으로 봤다.[51] 다울링 대사도 SOFA가 한국민의 자존심이 걸린 문제임을 지적하면서 우호적인 한미관계를 위해서도 SOFA 협상이 빨리 시작되기를 원했다.[52] 이에 로버트슨 극동아시아담당은 한미 SOFA로 인한 갈등을 국

---

48 "Memorandum," November 26, 1957, RG59 Records of the Department of State, Internal Affairs of Korea, 1955~59, C0019 Decimal File 795B.5/5-1555 to 795B.5/12-3157, Roll No. 14, 795B.5/11-2157, NARA; 『한미 행정협정 문서 I (1954~1961)』, 국사편찬위원회, 2008, p. 91(자료 28-2).

49 "Joint Weeka 49 from USAmbassador, Seoul, Korea To ACS/DEPTAR WASH DC," December 7, 1957. RG59 Records of the Department of State, Internal Affairs of Korea, 1955~59, C0019 Decimal File 795B.5/5-1555 to 795B.5/12-3157, Roll No. 14, 795B.5/8-557 HBS, NARA; 『한미 행정협정 문서 I (1954~1961)』, 국사편찬위원회, 2008, p. 88(자료 28).

50 『동아일보』, 1958년 1월 25일.

51 From Robertson through S/S to the Secretary,"(Circular 175) February 12, 1958, RG59 Records of the Department of State, Internal Affairs of Korea, 1955~59, C0019 Decimal File 795B.5/5-1555 to 795B.5/12-3157, Roll No. 14, 795B.5/12-1258, NARA.

52 "Foreign Service Despatch from AmEmbassy, Seoul to the State Department, Washington,"

무장관에게 설명하고 개별협상을 승인해달라고 요청했다.

이처럼 SOFA 협상의 필요성과 개별협상에 대해 주한미대사관과 국무부 사이에 공감대가 형성된 이후 국무부는 국방부와 조율에 나섰다. 6월 16일 로버트슨 극동아시아담당은 스프라퀴(Mansfield Spraque) 국방차관에게 국방부가 우려하는 형사재판권 문제를 충분히 인식한다면서, 한국의 요구에 어떤 형식이든 대응할 필요가 있다고 강조했다.[53] 그러나 국방부는 SOFA 협상을 강하게 반대했으며 국무부 내에서도 동등한 대우를 요구하는 한국의 주장에 대한 우려가 남아 있었다.[54]

결과적으로 9월 13일 덜레스 국무장관은 국방부의 반대와 국무부 내 이견 속에서 한국과 SOFA 협상을 다시 연기하도록 결정했다. 덜레스 장관은 이슈별 개별협상에 대해서도 "형사재판권에 대한 한국의 압박을 줄이기보다 공개적으로 높일 수 있다"고 밝혔다. 아울러 미국 의회와 여론에서 나타난 한국의 사법절차에 대한 불신을 고려할 때 대전협정의 개정은 현실적으로 불가능하다고 판단했다. 특히 덜레스 장관은 자신이 이승만 대통령과 SOFA 협상에 대해 공동성명에서 언급한 것을 공약이라고 생각하지 않았다. 그는 자신의 언급

April 25, 1958, RG59 Records of the Department of State, Internal Affairs of Korea, 1955~59, C0019 Decimal File 795B.5/5-1556 to 795B.5/12-3157, Roll No. 14, 795B.5/4-2258 HBS, NARA.

53 "Letter from Walter S. Robertson to Mansfield D. Spraque," June 16, 1958, RG59 Records of the Department of State, Internal Affairs of Korea, 1955~59, C0019 Decimal File 795B.5/5-1556 to 795B.5/12-3157, Roll No. 14, 795B.5/6-1658, NARA.

54 "Office Memorandum from Mr. Bane to Mr. Robertson," August 15, 1958, RG59 Records of the Department of State, Internal Affairs of Korea, 1955~59, C0019 Decimal File 795B.5/5-1556 to 795B.5/12-3157, Roll No. 14, 795B.5/B-1558, NARA.

은 상호방위조약으로 한국의 정치적 안정과 종전상황이 달성될 경우 추진하겠다는 의미라면서 공동성명으로 인해 SOFA 협상이 제한될 필요는 없다고 밝혔다.[55]

다른 한편 주한미대사관과 이승만 정부 사이에 협상 준비에도 문제가 있었다. 다울링 대사는 조정환 장관에서 형사재판권 조항을 수정하지 않는데 한국의 동의를 요청했으나, 이를 전달받은 이승만 대통령은 10월 14일 김동조 외무차관을 통해 주한미대사관의 요청을 거부했다. 김동조 차관은 이승만 대통령이 미국과 SOFA 체결을 원한다면서, 형사재판권에 대한 요구는 한국이 형사재판권을 행사하려는 의도가 아니라 한국 경찰이 미군 범죄자를 체포하고 헌병대로 넘길 수 있는 최소한의 절차를 갖추어야 한다는 일반적인 정서라고 밝혔다.[56]

라. SOFA 협상 시작에 대한 합의와 4·19 혁명으로 인한 중단

아이젠하워 행정부에서 결정에 따라 SOFA 협상 시작은 연기되었지만, 해를 넘긴 협상 준비는 계속되었다. 다울링 대사는 1959년 3월 25일 조정환 장관에게 SOFA 체결에 대한 미국 내 소극적인 분위기를 전하면서 개별협상을 다시 제안했다. 덧붙여 美국방부가 SOFA 협상에 부정적이므로 데커(George

55 "Outgoing Telegram from the Department of State to AmEmbassy, Seoul(Deptel 97)," September 13, 1958, RG59 Records of the Department of State, Internal Affairs of Korea, 1955~59, C0019 Decimal File 795B.5/5-1556 to 795B.5/12-3157, Roll No. 14, 795B.5/4-2458, NARA;『한미 행정협정 문서 I (1954~1961)』, 국사편찬위원회, 2008, p. 39(자료 31).

56 "Incoming Telegram from Seoul to Secretary of State," October 14, 1958, RG59 Records of the Department of State, Internal Affairs of Korea, 1955~59, C0019 Decimal File 795B.5/5-1556 to 795B.5/12-3157, Roll No. 14, 795B.5/10-1458, NARA.

Decker) 주한미사령관을 통해 美국방부를 설득해보도록 조언했다. 이승만 정부도 형사재판권 문제를 일단 유보하고 우선 처리할 수 있는 사항부터 해결한다는 방침을 정했다.[57]

주한미대사관과 UN군 사령부도 한국과 SOFA 협상을 계속 연기하기 어려운 상황에 대해 논의했다. 당시 미국은 필리핀, 대만과 SOFA 협상을 진행 중이었기 때문에 한국만 SOFA 협상을 연기하기 어려웠다. 한국의 대미반감을 그대로 방치하기도 부담스러웠다. 개별협상의 의제로는 시설과 구역, 관세와 세금을 먼저 다루면서 3~6개월 정도 소요될 것으로 예상했다. 다만, 한국에게 형사재판권 양보 의사가 없음을 분명히 전달했다.[58]

1959년 5월 이후 개별협상에 대한 논의가 한미 양국에서 구체화되었다. 이 과정에서 이승만 정부는 미일 SOFA 체결에서 비밀로 부쳐진 내용을 파악하고 있었는데, 미일 SOFA 제2조 및 제5조 1항에서 적용 범위를 구체적으로 열거하지 않고 포괄적으로 규정했을 뿐만 아니라 미국-필리핀 SOFA에서도 적용 범위를 구체적으로 열거하지 않았다는 점에 주목했다. 이승만 정부는 이를 근거로 한미 SOFA도 포괄적으로 규정해야 한다고 주장했다. 더욱이 한국의 상황은 일본보다 위급하므로 군사기지 유지가 아니라 공산 침략을 격퇴하는 데 중점을 둬야 한다고 주장했다. 즉 한국은 일본과 같은 '기지국가'가 아니라

---

57 "주한미군이 사용중인 토지, 건물 및 시설에 관한 한·미국간의 협정안 기초 및 검토자료," J-0002, 0164-0210. 1955~59, 외교부 외교사료관.

58 "Incoming Telegram from Seoul to Secretary of State," May 18, 1959, RG59 Records of the Department of State, Internal Affairs of Korea, 1955~59, C0019 Decimal File 795B.5/5-1556 to 795B.5/12-3157, Roll No. 14, 759B.5/5-1859, NARA; 『한미 행정협정 문서 I (1954~1961)』, 국사편찬위원회, 2008, p. 110(자료 35).

'전장국가'라는 주장을 통해 SOFA 적용 대상에서 일본보다 유리한 여건을 조성했다.[59] 또한 미일 SOFA와 마찬가지로 미국이 양보할 수 없는 부분은 비밀로 합의하는 방식을 협상 전략으로 활용했다.

이에 대해 주한미대사관은 시설과 구역에 관한 협정을 먼저 협상하고 나머지 사항은 상호양해를 통해 협상해가자고 통보했다.[60] 이어서 아이젠하워 행정부 내에서도 국무부와 국방부 간 SOFA 개별협상에 대해 협의가 있었다. 1959년 8월 파슨즈(James G. Parsons) 국무차관보는 스프라퀴 국방차관에게 형사재판권을 제외한 SOFA 개별협상에 대해 데커 주한미사령관과 논의해 줄 것을 요청했다.[61] 12월에는 새로 부임한 맥카나기(Walter P. McConaughy) 주한미대사가 협상에 참여했고, 맥그루더(Carter B. Magruder) UN군 사령관과도 협의를 진행했다.[62] 이러한 과정을 거쳐 아이젠하워 행정부는 한국과 SOFA 협상에서 제시할 협정 초안을 작성하는 등 본격적으로 협상 준비를 시작했다.[63]

그럼에도 불구하고 아이젠하워 행정부의 공식 통보가 늦다고 인식한 이승

59 "주한미군이 사용중인 토지, 건물 및 시설에 관한 한·미국간의 협정안 기초 및 검토자료," J-0002, 0162~0210, 1955~59, 외교부 외교사료관.

60 "Joint Weeka 25 from USAmbassador Seoul Korea to ASCI DA WASH DC," June 20, 1959, RG59 Records of the Department of State, Internal Affairs of Korea, C0019 Decimal File 795B.00(W)/7-2056 to B.03/2-1655, Roll No. 12, NARA.

61 "Letter from J. Graham Parsons to Jack," August 24, 1959, RG59 Records of the Department of State, Internal Affairs of Korea, 1955~59, C0019 Decimal File 795B.5/5-1556 to 795B.5/12-3157, Roll No. 14, 795B.5/5-1859, NARA.

62 "Foreign Service Despatch from AmEmbassy, Seoul To the Department of State, Washington (611.95B7/1-1360)," Janunary 13, 1960. RG59, Microfilmed on M1855 Roll No. 134, NARA.

63 "Incoming Telegram from Tokyo to Secretary to State," October 25, 1959, RG59 Records of the Department of State, Internal Affairs of Korea, 1955~59, C0019 Decimal File 795B.5MSP/1-258 to 795B.56/7-1857, Roll No. 15, 795B.5MSP/10-2387 & 2659.

만 정부는 3월 경부터 SOFA 협상 시작에 대한 외교적 압박을 높여갔다. 1960
년 1월 2일 동두천 미7사단 영내에 들어갔던 한국인 성매매 여성 2명이 미군
2명에 의해 삭발당한 사건이 발생했다. 이로 인해 주한미대사와 주한미군사령
관이 공식 유감을 표명했으며 SOFA 체결 필요성이 크게 대두되었다.[64] 당시
주한미대사관은 이승만 정부가 국회로부터 강한 압박을 받고 있다고 분석했
으며, 미국이 한일협정 추진을 압박하자 이에 대응하는 성격이라는 평가를 덧
붙였다. 이승만 정부는 미국의 희망하던 한일협정 추진에 부정적이었고 비타
협적으로 대응했다. 당시 미국은 이승만 대통령의 반일감정이 가장 큰 걸림돌
이라고 평가했다.[65] 이러한 분석을 토대로 주한미대사관은 미국이 선의를 보
여줄 뿐 아니라 한국의 돌발적인 외교행동을 막기 위한 조치로 시설과 구역에
관한 협상을 빨리 시작하도록 국무부에 요구했다.[66] 결국 1960월 3월 25일 국
무부는 한국과 SOFA 조항 중 시설과 구역에 관한 협상을 우선 시작하고, 협상
이 성공적으로 이루어지면 출입국, 관세, 세금 등 개별협상을 이어가겠다고 통
보했다. 다만, 아이젠하워 행정부는 협상 지속을 위한 기존 전제조건을 반복했
다. 즉, 형사재판권은 협상에 포함하지 않는다는 점과 주한미군이 이미 징발했

---

64 "SOFA-주한미군주둔 관련 제 문제," G-0002, 0001-0269, 1960~1964, 외교부 외교사료
    관; "Incoming Telegram from Seoul to Secretary of State," March 24, 1960, RG59 Records of
    the Department of State, Relating to Political Relations Between the United States and Other
    States, 1960~63, M1855 Decimal Files 611.95B, Roll No. 134, NARA.

65 이재봉, "한일협정과 미국의 압력,"『한국동북아논총』, 제54집, 2010. pp. 125~126.

66 "Incoming Telegram from Seoul to Secretary of State," March 11, 1960, RG59 Records of
    the Department of State, Relating to Political Relations Between the United States and Other
    States, 1960~63, M1855 Decimal Files 611.95B, Roll No. 134. 611.95B7/3-1160, NARA;『한미
    행정협정 문서 I (1954~1961)』, 국사편찬위원회, 2008, p. 114(자료 38).

거나 향후 징발할 한국내 소유물에 대한 보상책임을 한국 정부가 맡는다는 점이었다.[67]

2. 장면 내각의 SOFA 협상

가. 장면 내각의 SOFA 협상 추진과 미국의 입장

1960년 4월 27일 이승만 대통령이 물러남에 따라 한미 SOFA 협상 준비도 중단되었다. 허정 과도 정부를 거쳐 8월 23일부터 의원내각제 하에서 장면 총리가 이끄는 제2공화국이 출범하면서 SOFA 협상 준비도 다시 시작되었다. 장면 내각은 미국과 비공식 협의를 통해 이승만 정부에서 추진했던 SOFA 협상 준비를 재개할 수 있는지 타진했다.

즉, 미국이 제시했던 두 가지 전제조건을 공식적으로 거부하지 않는다면, SOFA 협상 의제를 형사재판권 등으로 확대할 수 있는지 우회적으로 문의했다. 그러나 미국은 형사재판권을 협상 의제에 포함할 수 없다는 기존 입장을 고수했다.[68]

---

67 "Outgoing Telegram Sent to AmEmbassy Seoul, COMUSK," March 25, 1960, RG59 Records of the Department of State, Relating to Political Relations Between the United States and Other States, 1960~63, M1855 Decimal Files 611.95B, Roll No. 134. 611.95B7/3-2460, NARA: 『한미 행정협정 문서 I (1954~1961)』, 국사편찬위원회, 2008, p. 116(자료 39).

68 "Incoming Telegram from Seoul to Secretary of State," September 17, 1960, RG59 Records of the Department of State, Relating to Political Relations Between the United States and Other States, 1960~63, M1855 Decimal Files 611.95B, Roll No. 134, 611.95B.7/9-1760, NARA.『한미 행정협정 문서 I (1954~1961)』, 국사편찬위원회, 2008, p. 120(자료 41).

미국의 완강한 입장을 확인한 장면 내각은 4·19 혁명 이후 분명하게 표출되고 있는 민족주의 정서를 고려하여 미국이 제시한 범위에서라도 SOFA 협상을 빨리 시작하자고 요구했다.[69] 김영식 외무차관은 SOFA 협상을 하고 있다는 자체가 민족정서가 팽배한 당시 상황에서 국민의 기대를 충족하고 한국이 미국의 동맹국과 동일한 대우를 받는다고 느끼도록 만들 수 있다는 의견을 제시했다.[70]

이러한 요구에 대해 그린(Marshall Green) 주한미대사관 부대사는 "SOFA와 관련된 어려운 문제가 4·19 혁명 이후 분명히 표출되고 있는 민족주의 정서에서 구심점이 될 수 있다."는 의견을 국무부로 보냈다. 만약 미국이 SOFA 협상 시작과 관련해 명확한 방향을 제시하지 못하면 장면 내각이 불확실한 정치적 입지 속에서 여론에 편승할 수 있으며 이는 한미 양국에 이익이 되지 않는다는 평가였다.[71] 특히 여론에 따른 압박은 SOFA 문제를 합리적으로 해결하는데 장애가 될 것이라고 예상하면서 이승만 정부도 이런 협상 전략을 종종 활용했음을 상기시켰다. 주한미대사관은 장면 내각이 미국의 협상 전제조건을 강하게 거부하고, 미국을 압박할 목적으로 여론을 활용하거나 시위 등을 방관할 수 있다며 한미 갈등의 확대를 우려했다.[72]

---

69 『조선일보』 1960년 9월 20일.

70 『한미 행정협정 문서 I (1954~1961)』, 국사편찬위원회, 2008, p. 117(자료 40).

71 Incoming Telegram from Seoul to Secretary of State," September 22, 1960, RG59 Records of the Department of State, Relating to Political Relations Between the United States and Other States, 1960~63, M1855 Decimal Files 611.95B, Roll No. 134, 611.95B.7/9-2260, NARA.

72 "Incoming Telegram from Seoul to Secretary of State-Corrected Copy,"(Section One of Two), October 26, 1960, RG59 Records of the Department of State, Relating to Political Relations Between the United States and Other States, 1960~63, M1855 Decimal Files

그린 부대사는 이런 상황에 직면할 경우 미국은 어떤 희생을 감수하고서라도 기존의 입장을 고수하거나, 한국민의 요구에 굴복해 협상을 시작하는 두 가지 방안 중 선택해야 하므로 정치적 타협이 필요하다고 밝혔다.[73] 그린 부대사는 형사재판권과 시설 및 구역에 대한 미국의 입장을 한국이 인정한다는 조건으로 협상을 시작하자고 건의했다. 협상의 시작은 미국이 입장을 바꾸지 않는다는 한국의 오해를 불식시킬 수 있고, 한국도 여론의 압박을 완화할 수 있기 때문에 양국의 이익이 될 수 있었다. 사실 이러한 타협도 장면 내각의 입장에서는 이전 SOFA 협상 시작의 조건을 그대로 수용하는 것이므로 진전은 아니었다. 당시 아이젠하워 행정부는 얼마 남지 않은 임기로 인해 SOFA 협상의 동력이 부족했다. 1960년 후반 대한정책은 한미관계를 동반자 관계와 평등의 정신에 입각해서 다루었으며, 상호 이해가 걸린 문제를 적극적으로 협의하려는 방향을 취했다.[74] 내부적으로 국무부는 SOFA 문제 해결을 위한 기본 원칙을 먼저 세우자는 입장이었지만[75] 주한미대사관이 우려한 한국 내 민족주의 흐름은 인식하고 있었다.

611.95B, Roll No. 134. 611.96B7/10-2660, NARA.

73 "Incoming Telegram from Seoul to Secretary of State-Corrected Copy,"(Section Two of Two), October 26, 1960, RG59 Records of the Department of State, Relating to Political Relations Between the United States and Other States, 1960~63, M1855 Decimal Files 611.95B, Roll No. 134. 611.96B7/10-250. NARA;『한미 행정협정 문서 I (1954~1961)』, 국사편찬위원회, 2008, p. 120(자료 41).

74 "U.S. Policy Toward Korea,"(NSC 6018) November 28, 1960. National Security Council, Eisenhower Presidential Library.

75 "Memorandum of Conversation of Department of State," November 10, 1960, RG84 Records of the Foreign Service Posts of the Department of State, Korea Seoul Embassy, Classified General Records, 1960, "320 US-KOR 1960," NARA.

나. 한국민의 대미인식 악화와 케네디 행정부 내 협상 시작 검토

1961년 들어 장면 내각은 대미관계의 주요 의제로 SOFA 체결을 선정했다. 당시 국내에서는 이승만 정부 시기 억압되었던 여러 권리를 주장하는 사회적 요구가 높아지고 있었다. 예를 들어 미군 사용시설에 대한 철저한 보상을 요구하는 소송이 급격하게 증가했고, 미군 사건의 형사재판권 문제에 대한 불만이 커졌다. 이런 사회적 요구는 장면 총리에게 큰 부담으로 작용했다. 1월 6일 장면 총리는 맥카나기 주한미대사와 맥그루더 UN군 사령관에게 개인적으로 국회, 언론, 국민으로부터 연약하고 조용하고 무능하다는 비판을 받는데 대한 수치심을 토로했다. 특히 한국이 일본, 필리핀 등과 똑같은 형사재판권 및 민사청구권을 행사할 수 없다는 점을 이해하기 어렵고, 종전 후 8년이 지나도록 안정된 상황에서 미국이 SOFA 협상을 거부해온 전시 상황이라는 이유를 납득하지 못하겠다고 주장했다. 이런 점에서 한국이 공무가 아닌 미군범죄에 대해서는 형사재판권을 행사하겠다고 요구했다.

그러나 맥카나기 대사와 맥그루더 사령관은 여전히 한국의 사법체계가 미군의 권리를 제대로 보호할 수 없다며 장면 총리의 요구를 거부했다. 또한 장면 총리의 개인적인 어려움에는 공감하지만 민사청구권 문제도 양보할 수 없음을 분명히 했다. 케네디 행정부는 한국의 제도에서 주한미군의 권리가 제대로 보장된다는 점을 미국민에게 설득할 수 없다는 입장이었다.[76] 이에 대해 장

---

76 "Incoming Telegram from Seoul to Secretary of State," January 6, 1961, RG59 General Records of the Department of State, Relating to Political Relations Between the United States and Other States, 1960~63, M1855 Decimal Files 611.95B, Roll No. 134. 611.96B7/1~661 HBS, NARA;『한미 행정협정 문서 I (1954~1961)』, 국사편찬위원회, 2008, p. 122(자료 42).

면 총리는 SOFA 협상 시작만으로는 여론의 압박을 일시적으로 완화할 수 있 겠지만 민사청구권마저 협상할 수 없다면 장기적으로내각의 입장이 어려워질 것으로 판단했다.[77]

장면 총리의 판단은 한미 경제원조협정에 대한 여론의 비판에서도 현실화 되었다. 한미 경제원조협정은 한국의 전후 경제재건이 일정 정도 달성되었다 는 인식하에 종래 한미경제관계와 관련된 세 가지 협정 '한미원조협정'(1948년 12월 10일), '경제조정에 관한 협정'(소위 마이어 협정, 1952년 5월 24일), '경제재건과 재정안정계획에 관한 합동경제위원회 협정'(1953년 12월 14일)을 대체하고 단일 화하여 원조자금의 사용과 원조사업을 간소화하려는 의도였다. 미측은 대한원 조의 실효성에 의문을 갖고 대한원조의 무계획성과 방만함을 개선하기 위해 직접 운영, 개입하고자 했다.[78] 1961년 2월 8일 한미 경제원조협정 체결을 앞 두고 한국의 주권을 침해한다는 부정적인 여론이 일어났다. 문제가 된 점은 원 조사업에 종사하는 사람과 그 가족은 소득세, 관세 및 증여세의 대상에서 제외 되며, 미국의 사정에 따라 원조계획의 일부 또는 전부를 중지할 수 있다는 내 용 등이었다. 국회에서도 한미 경제원조협정에서 미국이 경제프로그램과 활동 을 감시하고 사전 검토하겠다는 내용이 문제가 되었다. 이런 분위기는 SOFA

---

77 『한미 행정협정 문서 I (1954~1961)』, 국사편찬위원회, 2008, p. 125(자료 43).

78 한미 경제원조협정은 한국의 전후 경제재건이 일정 정도 달성되었다는 인식하에 종래 한미 경제관계와 관련된 세 가지 협정 '한미원조협정'(1948년 12월 10일), '경제조정에 관한 협 정'(소위 마이어 협정, 1952년 5월 24일), '경제재건과 재정안정계획에 관한 합동경제위원회 협정'(1953년 12월 14일)을 대체하고 단일화하여 원조자금의 사용과 원조사업을 간소화하 려는 목적을 가지고 있음; 미측은 대한원조의 실효성에 의문을 갖고 대한원조의 무계획성과 방만함을 개선하기 위해 미국이 직접 운영, 개입하기 위한 목적이었다.『한미 행정협정 문서 I (1954~1961)』, 국사편찬위원회, 2008, p. 13.

협상이 대등하게 진행되지 않는다는 문제로 이어졌다.[79] 실제로 국회에서는 민주당 이철승 의원이 한미 경제원조협정을 비준하는 조건으로 SOFA 체결을 연계하자고 주장했다.[80] 여야 정치세력도 장면 정부와 케네디 행정부를 향해 한 목소리로 SOFA 협상 시작을 요구했다. 신민당(제1야당)은 빠른 SOFA 체결을 당정강으로 채택하고 범국민적 서명운동을 시작하면서 수차례 시위를 갖기도 했다. 김도연 신민당 위원장과 박준규 의원은 주한미대사관 관리에게 한국 주권을 존중하는 의미에서 미국이 SOFA 체결에 적극적으로 나서도록 당부했다.[81] 이처럼 주권침해와 불평등 논란 속에서 한미 경제원조협정과 SOFA 협상 문제는 한국민의 대미인식을 부정적으로 변화시키는 계기가 되었다. 특히 장면 시기 국회는 이승만 시기와 달리 내각책임제로서 SOFA 협상에 목소리를 냈으며, 국내정치 쟁점화를 통해 영향력을 행사했다.

실제로 장면 총리는 맥카나기 대사를 만난 자리에서 미국의 SOFA 체결에 대한 국회와 여론의 부정적인 입장으로 한미 경제원조협정의 제반 조치추진에도 많은 어려움이 있다고 언급함으로써 한미 현안을 연계했다.[82] 또한 향후 국회에서 SOFA 체결에 대한 문제제기가 있을 예정이므로 정부가 국회를 상대하는데 미국의 지원을 요청했다.[83] 이처럼 한미 경제원조협정을 둘러싼 한

---

79 도널드 맥도널드, 2001, p. 437.

80 『조선일보』, 1961년 2월 17일.

81 『한미 행정협정 문서 I (1954~1961)』, 국사편찬위원회, 2008, p. 131(자료 46).

82 "Incoming Telegram from Seoul to Secretary of State", March 6, 1961, RG59 General Records of the Department of State, Relating to Political Relations Between the United States and Other States, 1960~63, M1855 Decimal Files 611.95B, Roll No. 134, 611.95B/3-661, NARA.

83 "Incoming Telegram from Seoul to Secretary of State," March 10, 1961, RG59 General Records of the Department of State, Relating to Political Relations Between the United States

국 내 논쟁과 SOFA 협상과의 연계는 미국에도 영향을 끼친 것으로 보인다.

결과적으로 맥카나기 대사는 한국 내 여론 분석에 다소 과장이 있지만, SOFA 협상의 필요성을 인정했다.[84] 그는 맥그루더 사령관과 이 문제를 협의한 후 국무부와 국방부에 SOFA 협상을 시작하자고 제안했는데 이는 한국 내 여론 악화를 완화하고 장면 내각의 안정을 위한 조치였다.[85] 주한미대사관은 SOFA 문제와 관련된 교착 상태를 돌파하지 못하면 결과를 감수해야 하므로,[86] SOFA 협상을 통해 미국이 한국을 동등하게 대우하고 한국의 주권을 존중한다는 가시적인 증거를 보여주고, 한미관계의 장기적인 이익을 도모하자고 제안했다.[87] 이처럼 한미 경제원조협정 문제로 한국에서 논란이 계속되자 파슨즈 국무차관보는 러스크(Dean Rusk) 국무장관에게 한국과 SOFA 체결이 빨리

and Other States, 1960~63, M1855 Decimal Files 611.95B, Roll No. 134. 611.95B/3-1061, NARA.

84 『한미 행정협정 문서 I (1954~1961)』, 국사편찬위원회, 2008, p. 129(자료 45).

85 "Outgoing Telegram from the Department of State to AmEmbassy Seoul 961," March 2, 1961, RG59 General Records of the Department of State, Relating to Political Relations Between the United States and Other States, 1960~63, M1855 Decimal Files 611.95B, Roll No. 134, 611.95B/2-2861, NARA. 한편 국방부는 SOFA 조사를 위해 국무부에 한국의 사법체계 조사보고서를 비밀해제 요청했다. "Outgoing Telegram from the Department of State to Seoul 1052", March 3 1961, Priority, Limit Distribution-No. Distribution Outside DEPT, RG59 General Records of the Department of State, Relating to Political Relations Between the United States and Other States, 1960~63, M1855 Decimal Files 611.95B, Roll No. 134, 611.95B/3-2261, NARA.

86 『한미 행정협정 문서 I (1954~1961)』, 국사편찬위원회, 2008, p. 134(자료 47).

87 "Incoming Telegram from Seoul to Secretary of State", February 28 1961, Priority, Limit Distribution-No. Distribution Outside DEPT, RG59 General Records of the Department of State, Relating to Political Relations Between the United States and Other States, 1960~63, M1855 Decimal Files 611.95B, Roll No. 134, 611.95B/2-2861, NARA.

이루어져야 한다고 강조했다.[88] 이에 러스크 장관은 맥나마라(Robert McNamara) 국방장관과 한국 SOFA 문제를 협의했다. 러스크 장관은 미군 사용시설 및 구역 관련 소송의 증가에 대해 장면 내각이 전적으로 책임질 것을 강조하면서도 미군 사건으로 인한 한국 내 여론 악화에 대해서는 다음과 같이 SOFA 협상 시작에 동의했다.[89]

한국인은 SOFA 문제를 주권과 민족주의의 상징으로 생각한다. 이런 점에서, 나는 현재 한국 정부와 SOFA 체결이 미국의 이익에 가장 잘 부합한다고 확신한다. 현재 한국 정부는 온건하고 보수적이며 국민들의 자연스럽고 정당한 기대에 부응하려고 노력하기 때문이다. (중략) 나는 현재 한국 정부와 협상하는 것이 이후 어떤 정부보다 유리한 조건으로 합의할 수 있는 상대라고 생각한다. 이때를 놓치면 더욱 강경한 여론이 표출될 수 있다.[90]

러스크 장관이 SOFA 협상을 시작하자고 판단한 이유는 첫째, SOFA 체결이 한국민에게 주권과 민족주의의 상징이 되고(구체적으로 한국은 미국이 일본과 맺은 SOFA가 NATO SOFA와 유사하다는 사실에 민감하고, 계속된 한국과의 SOFA 체결 연기를 반

88 "Incoming Telegram from Seoul to Secretary of State", March 6, 1961, RG59 General Records of the Department of State, Relating to Political Relations Between the United States and Other States, 1960~63, M1855 Decimal Files 611.95B, Roll No. 134, 611.95B/3-1061, NARA; 『한미 행정협정 문서 I (1954~1961)』, 국사편찬위원회, 2008, p. 140(자료 50).

89 장준갑, "케네디 행정부의 초기 대한정책"『미국사연구』, 제17집, 2003, pp. 189~196.

90 "Letter from Secretray of State Rusk to Secretary of Defense McNamara, Department of States," March 2, 1961, FRUS 1961~1963, Vol XXII, Northeast Asia, (https://history.state.gov/historicaldocuments/frus1961-63v22/d201).

공대열에서 함께 싸운 한국에 대한 차별로 인식함), 둘째, 온건하고 보수적인 장면 내각이 SOFA 문제로 국내정치적 어려움에 처하지 않도록 지원하고 셋째, 민족주의 정서가 더 강해지기 전에 장면 내각과 협상하는 것이 다른 정부보다 더 유리했기 때문이었다.[91] 이처럼 케네디 행정부는 미국에 의존하려는 장면 내각의 경향을 통해 SOFA 협상력을 높일 수 있다고 판단했다.

3월 10일 케네디 행정부 내 부처 간 협의에서 SOFA 문제가 논의되었다. 이 자리에서 길패트릭(Roswell Gilpatric) 국방부 부장관은 러스크 국무장관에게 "한국은 다른 동맹국들과 동등한 대우를 받아야" 한다는데 동의했지만 SOFA 문제에 대한 국방부 연구가 완료될 때까지 협상 시작에는 반대했다. 3월 17일 국무부와 국방부 합동회의에서는 렘니처(Lyman L. Lemnitzer) 합참의장이 SOFA 협상에 형사재판권을 포함하는데 강력히 반대했다. 렘니처 의장은 한국은 일시적으로 전쟁이 중단된 상태이므로 주한미군을 한국 법정에 세우느니 철수하는게 낫다며 SOFA 협상 시도를 강력히 반대했다. 나아가 합참은 국무부가 한국과 SOFA 협상을 추진한다면 국방부는 케네디 대통령에게 이 문제를 제기할 것이라고 압박함으로써 결국 당시 회의 결론에서 형사재판권 문제를 제외시켰다.[92]

---

91 "Letter from Secretary of State Dean Rusk to Secretary of Defense McNamara", March 2 1961, Priority, Limit Distribution-No. Distribution Outside DEPT, RG59 General Records of the Department of State, Relating to Political Relations Between the United States and Other States, 1960~63, M1855 Decimal Files 611.95B, Roll No. 134, 611.95B/3-261, NARA;『한미 행정협정 문서 I (1954~1961)』, 국사편찬위원회, 2008, p. 136(자료 48).

92 "Letter from Secretray of State Rusk to Secretary of Defense McNamara, Department of States," March 2, 1961, FRUS, 1961~1963, Vol XXII, Northeast Asia, (https://history.state.gov/historicaldocuments/frus1961-63v22/d201).

다. 케네디 행정부의 대한정책과 SOFA 협상 준비의 진전

한국 상황에도 불구하고 케네디 행정부 내에서는 국무부와 국방부의 이견으로 SOFA 협상 시작이 지연되었다. 여기에는 케네디 행정부의 대한정책 논의도 영향을 끼쳤다. 당시 대한정책에 논의는 국제협력처(International Cooperation Administration)의 기술지원계획(Technical Assistance Program) 책임자인 팔리(Hugh Farley)가 임무 종료 후 올린 보고서(이하 팔리 보고서)에서 시작되었다.[93] 팔리 보고서는 장면 내각이 부정부패로 위기에 처해 있으며 변화에 대한 국민들의 강력히 요구를 실현할 능력이 부족하기 때문에, 4·19 기념일 전후로 대규모 시위나 폭동이 일어날 수 있다고 분석하면서 미국의 적극적 개입을 제안했다.[94]

3월 15일 코머(Robert W. Komer) NSC 위원은 팔리 보고서의 내용에 동의하면서 한국 상황을 개선하려면 대한정책의 정치, 경제적 측면과 함께 군사적 측면도 달라져야 한다고 주장했다. 한국이 베트남처럼 무너지기 전에 스스로 발전할 수 있어야 한다는 생각이었다. 이런 생각에서 향후 10년 동안 한국군 감축으로 미국 원조자금을 생산능력 지원에 활용하고 경제발전을 지도 감독하며, 정치적 효과가 있는 단기계획도 제안했다. 이러한 방안의 하나가 상호 만족할 만한 SOFA 체결이었다. SOFA 체결로 미국에 대한 한국민의 지지를 확보하고, 민족주의 정서를 경제적 원동력으로 활용하며, 한국에서 주한미군의

---

93 1961. 2. 24까지 임무를 마친 팔리의 보고서 "1961년 2월 한국의 상황(The Situation In Korea, February 1961)".

94 전문번호 1142호, 관리번호 001-102-2001-0000080 Box 127, 1961. 3. 11. 『(케네디 대통령 도서관 한국관련 기록물) 1960년대 초반 한미관계 : 1961~1963(상)』, 행정자치부 국가기록원, 2006, pp. 3~6.

정치적 역할을 줄이는 대신 주한미대사를 대한정책의 대변인으로 삼자는 의도였다.[95] 코머 NSC 위원은 로스토우(Walt W. Rostow) 국가안보 부보좌관에게 보낸 서한에서 미국이 한국 내 논란을 일으킨 SOFA 체결을 수용함으로써 반미분위기를 상쇄할 수 있다고 주장했다.[96]

이처럼 케네디 행정부의 대한정책에서 보면 SOFA 체결은 제3세계 국가들의 경제적 자립을 위한 미국의 개입 수단이기도 했다. 대한정책은 다음과 같은 케네디 행정부의 외교정책 변화와 맥락을 같이 한다.

첫째, 미국의 대외원조가 군사원조 중심에서 경제개발로 전환되었다. 미국은 경제개발원조를 통해 후진국이 경제 개발에 성공할 경우 전세계 사람들이 자본주의 체제에 기반한 경제성장에 자신감을 갖게 될 것이며 공산주의를 봉쇄하는 데 있어서 군사적인 수단보다는 더 효율적인 수단이 될 것으로 판단했다.

둘째, 더 많은 선진국들이 이러한 경제개발원조에 참여해야 한다고 봤다. 따라서 1950년대를 통해 부흥에 성공한 유럽과 일본이 세계적인 경제개발원조에 동참해야 한다고 주장했다. 특히 미국은 아시아에서 일본의 역할을 강조했다. 일본을 중심으로 아시아 지역의 경제를 재편하려고 했던 1960년대 미국의 노력은 이러한 배경에서 이루어진 것이다.

---

95 "Memorandum From Robert W. Komer of the National Security Council Staff to the President's Deputy Special Assistant for National Security Affairs (Rostow)," March 15, 1961, FRUS, 1961~1963, Vol XXII, Northeast Asia, (https://history.state.gov/historicaldocuments/frus1961-63v22/d203).

96 "로스토우를 위한 비망록," 관리번호 001-102-2001-0000080 Box 127, 1961. 3. 15. 『(케네디 대통령 도서관 한국관련 기록물) 1960년대 초반 한미관계 : 1961~1963(상)』, 행정자치부 국가기록원, 2006, p. 24.

셋째, 도미노 이론에 근거해 공산주의 이념에 노출되어 있는 제3세계에 적극적으로 개입하자는 정책이 마련되었다. 경제개발원조나 미국의 베트남전쟁 참전도 모두 이러한 적극적인 개입 정책의 일환이었다.[97] 존슨(Robert H. Johnson) NSC 위원도 한국민들은 미국과 장면 내각을 동일시하고 있으므로 만약 미국의 대한정책이 실패하면 한미 양국이 어려움에 처할 수 있다며, 팔리 보고서에서 제시된 해결책 중에 부패척결, 군대감축, 경제발전, SOFA 문제에 대해 국무부가 실행 방안을 모색하도록 권고했다.[98] 코머 NSC 위원도 로스토우 국가안보 부보좌관에게 한국의 경제문제를 해결하고 경제발전을 지원하기 위해 SOFA 협상에 적극적으로 대응토록 요청했다. 이에 대해 로스토우 국가안보 부보좌관는 번디(McGeorge Bundy) 국가안보보좌관과 협의한 이후 국무부가 장단기 대한정책을 제시하도록 했다.[99]

이처럼 NSC, 국무부 등이 논의한 SOFA 체결 문제는 3월 21일 "한국에 대한 단기 전망"이라는 CIA 보고서에 반영되었다. 이 보고서는 국무부, 국방부, 육해공군, 합동참모본부, CIA 등의 대한정책 논의로서 한국의 위기가 장면 내각의 무기력과 무능, 그리고 야당의 무분별한 정치 공세와 언론의 무책임한 정

---

97 박태균, "박정희 정부 수립과 유신체제," 『한국현대사 2』, (서울 : 푸른역사), 2018, pp. 112~113.

98 "Rostow를 위한 비망록," 관리번호 001-102-2001-0000080 Box 127, 1961. 3. 15. 『(케네디 대통령 도서관 한국관련 기록물) 1960년대 초반 한미관계 : 1961~1963(상)』, 행정자치부 국가기록원, 2006, p. 24.

99 "Memorandum from Robert W. Komer of the National Security Council Staff to the President's Deputy Special Assistant for National Security Affairs (Rostow)," March 15, 1961, FRUS 1961~1963, Vol XXII, Northeast Asia, pp. 426~427. (https://history.state.gov/historicaldocuments/frus1961-63v22/d203).

부 공격, 북한의 체제전복기도, 공직사회에 만연된 부정부패에 대한 한국민의 불만, 민족주의 고양에 따른 반미감정 때문이라고 지적했다. 즉 한국민은 장면 내각과 미국에 대한 불신이 쌓여갔고, SOFA 체결이 계속 지연되면서 분노와 함께 동등한 대우를 요구했다.

덧붙여 한국 국회가 SOFA의 빠른 체결을 촉구하고 결의안을 채택했으며 장면 총리도 협상 시작을 요구했다고 강조했다. 이 보고서는 한국의 정치적 불안이 경제적 어려움과 반미감정에서 비롯됐다고 보고, 반미감정의 해결책으로 SOFA 협상, 경제적 어려움에 대한 해결책으로 원조정책을 개혁할 특별사절단 파견을 제안했다.[100] 이처럼 케네디 행정부는 한국에서 점증하는 반미감정의 해결을 위해 대한정책의 일환으로 SOFA 체결을 고려했다. 결국 케네디 행정부의 대한정책과 SOFA 협상 논의는 美국방부와 합참의 강력한 반대에도 불구하고 미국의 적극적인 개입 수단으로서 SOFA 협상을 시작하는 방향으로 모아졌다.

4월 5일 러스크 국무장관은 맥카나기 대사에게 한국과 SOFA 협상 시작을 알리되, 주한미군 사용 시설에 대해 미국의 보상 의사는 없으며, 미국민은 미국 법원처럼 공정한 대우를 받도록 보장되어야 한다고 강조했다. 또한 한국의 사법체계 연구가 완료될 때까지 합의하지 말고, 연구 결과가 미국 기준에 부합하지 않을 경우 형사재판권 협상은 제외하도록 했다. 이를 위해 대만 SOFA 협상과 같이 공정한 재판을 위한 보장 조치를 추가하는 방안도 논의토록 했

---

100 "Special National Intelligence Estimate," March 21, 1961, FRUS, 1961~1963, Vol XXII, Northeast Asia, pp. 430~435. (https://history.state.gov/historicaldocuments/frus1961-63v22/d206).

다.[101] 이러한 제안은 이전 미국의 전제조건에서 약간 변화된 것이었다. 이승만 정부에서 미국은 형사재판권을 협상의 대상에서 제외했지만 장면 내각에게는 사법체계에 대한 조사 이후 협상도 가능하다는 입장이었기 때문이다.[102]

라. SOFA 협상의 시작과 5·16 군사정변으로 인한 중단

맥카나기 대사는 장면 총리 등과 회담에서 SOFA 문제에 대해 "긍정적인 문서"를 받을 전망이라며 몇 주내에 SOFA 협상을 시작하라는 본국의 승인이 있을 것이라고 밝혔다.[103] 4월 10일 SOFA 협상 시작에 대한 공식 승인을 접하고 장면 총리는 "최고로 기쁜 소식"이라며 만족감을 표현했다.[104] 이후 양국은 SOFA 협상 시작에 대한 공동성명을 협의했다. 맥카나기 대사는 언론보도로 인해 대중에게 즉각적이고 극적인 변화에 대한 환상을 자극하지 않기를 당부했다. 그 결과 공동성명 보도는 "잡한 문제가 포함된 SOFA는 많은 시간이 소

---

101 "Telegram from the Department of State to the Embassy in Korea," April 5, 1961, FRUS 1961~1963, Vol XXII, Northeast Asia, pp. 440~442. (https://history.state.gov/historicaldocuments/frus1961-63v22/d209).

102 "Outgoing Telegram of Department of State to AmEmbassy, Seoul 1130," April 5, 1961, RG59 General Records of the Department of State, Relating to Political Relations Between the United States and Other States, 1960~63, M1855 Decimal Files 611.95B, Roll No. 134. 611.95B/2-2861; 『한미 행정협정 문서 I (1954~1961)』, 국사편찬위원회, 2008, p. 141(자료 51).

103 "Foreign Service Despatch from AmEmbassy, Seoul to the Department of State, Washington," April 6, 1961, RG59 General Records of the Department of State, Relating to Political Relations Between the United States and Other States, 1960~63, M1855 Decimal Files 611.95B, Roll No. 134, 611.95B/4-661 HBS.

104 "Telegram from the Department of State to the Embassy in Korea," April 5, 1961, FRUS 1961~1963, Vol XXII, Northeast Asia, pp. 440~442. (https://history.state.gov/historicaldocuments/frus1961-63v22/d209).

요될 것이라는" 내용으로 조율되었다.[105] 또한 맥카나기 대사는 한국 정부의 원치않는 제안을 사전에 방지하기 위해 미국 의회의 결의안과 SOFA 초안을 보내주면 이를 한국 측에 전달하겠다고 요청했다.[106]

첫 번째 SOFA 협상은 1961년 4월 17일 외무부에서 열렸지만, 양국의 인식에는 차이가 있었다. 미국 협상대표인 그린 주한미대사관 부대사는 협상이 복잡한 문제이므로 많은 시간이 소요되겠지만 양국의 공동이익을 위해 성실하고 신속하게 노력하겠다며 장기전을 예고했다. 반면 한국 협상대표인 김용식 외무차관은 양국의 복잡한 문제가 있더라도 전통적인 우호와 양해정신에 따라 협상하면 극복될 수 있음을 강조하면서 SOFA 협상이 "꽤 빠른 시간 내에" 만족스런 합의에 이르기를 희망한다고 밝혔다.

김용식 차관의 낙관적 인식은 제2차 SOFA 협상에서 미일 SOFA 협상이 8개월만에 완료된 것과 비교할 때 한미 SOFA 협상은 8주 정도면 가능하다는 언급에서도 확인된다.[107] 김용식 차관은 일상적이고 시설, 구역 및 형사재판권과 같은 복잡하고 합의하기 어려운 이슈를 개별적으로 협상하자고 제안했

---

105 "Incoming Telegram from Seoul to Secretary of State," April 10, 1961, NIACT, RG59 General Records of the Department of State, Relating to Political Relations Between the United States and Other States, 1960~63, M1855 Decimal Files 611.95B, Roll No. 134. 611.95B/4-1061.; 『한미 행정협정 문서 I (1954~1961)』, 국사편찬위원회, 2008, p. 143(자료 52); 『조선일보』, 1961년 4월 11일.

106 『한미 행정협정 문서 I (1954~1961)』, 국사편찬위원회, 2008, p. 145(자료 53).

107 "Opening Statement By Vice Foreign Minister Yong Sik Kim at Negotiations on US-ROK Status of Forces Agreement," April 17, 1961. RG59 General Records of the Department of State, Assistant Legal Advisor for Far Eastern Affairs(L/FE), Lot70 D16, Country Files of the Assistant Legal Advisor for Far Eastern Affairs, 1945~66, Korea-Status of Forces 1961~62 (Sept.) NARA.

다. 이에 대해 미국은 이슈별 개별협상의 취지에는 공감하지만 이슈별 연관성을 고려할 때 받아들일 수 없다고 반대했다. 대신 미국은 협상 과정에서 필요할 경우 개별협상에 대해 고려하겠다는 입장을 취했으며, 한국도 이를 수용했다.[108]

한편 양국 간 SOFA 협상이 시작되었지만 케네디 행정부 내에서는 국무부와 국방부의 이견이 계속되었다. 처음부터 SOFA 협상에 부정적이었던 국방부는 내부 보고서(미8군 헌병사령관 문서)에서 "한국 감호시설의 획기적인 개선이 없다면 한국에게 미국 시민을 감호할 권한을 줄 수 없다."는 입장을 밝혔다.[109] 게다가 국방부는 시설 및 구역에 대한 SOFA 초안에 대해 미태평양사령부의 사전 승인을 받아야 한다고 주장했다.[110] 이처럼 미국의 입장 조율이 완료되지 않자 제3차 SOFA 협상은 연기되었다. 존슨 NSC 위원은 행정부 내 이견으로

108 "Records of Meeting," April 17, 1961, RG59 General Records of the Department of State, Assistant Legal Advisor for Far Eastern Affairs(L/FE), Lot70 D16, Country Files of the Assistant Legal Advisor for Far Eastern Affairs, 1945~66, Korea-Status of Forces 1961~62 (Sept.); "Record of Meeting," April 25, 1961. RG59 General Records of the Department of State, Assistant Legal Advisor for Far Eastern Affairs(L/FE), Lot70 D16, Country Files of the Assistant Legal Advisor for Far Eastern Affairs, 1945~66, Korea-Status of Forces 1961~62 (Sept.) NARA.

109 RG59 General Records of the Department of State, Assistant Legal Advisor for Far Eastern Affairs(L/FE), Lot70 D16, Country Files of the Assistant Legal Advisor for Far Eastern Affairs, 1945~66, Korea-Status of Forces 1961~62 NARA. 당시 미국 내 한국 사법체계에 대한 연구 결과를 포함한 자료는 확인할 수 없다. 다만 국무부 사법체계조사보고서 등을 짐작할 수 있는 문서로는 주한 미8군 헌병사령관(Provost Marshal)이 작성한 "형사재판권 : 한국 감호시설의 현황요약"을 들 수 있다.

110 "Outgoing Telegram of Department of State to AmEmbassy, Seoul Priority 1262," May 1, 1961, RG59 General Records of the Department of State, Relating to Political Relations Between the United States and Other States, 1960~63, M1855 Decimal Files 611.95B, Roll No. 134. 611.95B/5-561. NARA.

협상이 지연되면 미국의 이익도 훼손될 수 있다고 우려했으며, 이를 해결하기 위해 백악관이 관여하도록 제안했기도 했다.[111] 그러나 주한미대사관에는 5월 18일로 연기했던 제3차 SOFA 협상을 앞두고 협상 초안조차 전달되지 않았다. 국무부는 국방부가 요구한 미태평양사령부의 승인을 다시 요청했지만[112] 이 문제는 5·16 군사정변 이후인 6월 7일에야 이루어졌다.[113]

이처럼 어렵게 시작된 장면 내각의 한미 SOFA 협상은 5·16 군사정변과 함께 중단되었다.

111 "Memorandum for Mr. Rostow from Robert H. Johnson," May 4, 1961, Papers of Kennedy National Security Files; Robert W. Komer; Korea, 1961~63. NARA;"Rostow를 위한 비망록," 관리번호 001-102-2001-0000009 Box 127, 1961. 5. 4.『(케네디 대통령 도서관 한국관련 기록물) 1960년대 초반 한미관계 : 1961~1963(상)』, 행정자치부 국가기록원, 2006, pp. 37~39; 맥도널드(Donald MacDonald) 국무부 한국담당도 번디(William P. Bundy) 국방부 국제안보담당 부차관보에게 한국과의 SOFA 협상에 관심을 촉구했다. "Memorandum for Rostow," May 5, 1961 National Security Files, Box 127, Korea General, John. F. Kennedy Presidential Library.

112 "Incoming Telegram from Seoul to Secretary of State", May 15, 1961, RG59 General Records of the Department of State, Relating to Political Relations Between the United States and Other States, 1960~63, M1855 Decimal Files 611.95B, Roll No. 134. 611.95B/5-1561. NARA.

113 "Department of State Instruction to the American Embassy, Seoul," June 7, 1961, RG59 General Records of the Department of State, Relating to Political Relations Between the United States and Other States, 1960~63, M1855 Decimal Files 611.95B, Roll No. 134. 611.95B/6-761. NARA.

3. 박정희 정부의 SOFA 협상

가. 군사정권의 SOFA 추진과 미국의 연계 전략

5·16 군사정변 이후 국가재건최고회의를 통해 국정을 장악한 군사정권은 한미 간의 군사 쟁점 중에서 SOFA 협상을 가장 먼저 미국에 제의하는 적극성을 보였다. 반면 1961년 6월 케네디 행정부 내에서는 국방부, 국무부, 국제협력처 등이 참석한 회의에서 한국과의 SOFA 협상 여건이 마련되지 않았고, 케네디 대통령 등 고위정책결정자들이 관심을 가질 만한 문제가 아니라는데 의견을 같이했다. 버거(Samuel D. Berger) 주한미대사도 SOFA 협상을 잠시 덮어두자는 입장이었다.[114] 케네디 행정부는 두 가지 이유로 군사정권과의 SOFA 협상에 신중했다. 첫째, 미군 입장에서는 이미 특권적 지위를 보장받고 있는 '대전협정'을 서둘러 바꿀 필요가 없었다. 둘째, 케네디 행정부는 박정희 장군 등 군사정권에 대해 의구심을 갖고 있었다.

이런 상황에서 군사정권은 SOFA 체결을 먼저 제의했고, UN군 사령부의 한국군 작전지휘권 인정 거부, 군사조달 증진에 관한 특별법 공포 등의 조치를 연이어 시행했다. 이러한 일방적 조치들로 인해 케네디 행정부는 미국의 영향력에서 벗어나려는 군사정권의 시도가 아닌지 의심했다.[115] 실제로 6월 11

---

114 "Memorandum for Mr. Rostow," June 12, 1961, Papers of President Kennedy, National Security Files, Countries, Korea, General 6/61. John. F. Kennedy Presidential Library; "Rostow를 위한 비망록," 관리번호 001-102-2001-0000010 Box 127A, 1961. 6. 12. 『(케네디 대통령 도서관 한국관련 기록물) 1960년대 초반 한미관계 : 1961~1963(상)』, 행정자치부 국가기록원, 2006, pp. 150~151.

115 문순보, "1960년대 한미 간의 군사적 쟁점", 『통일문제연구』 통권 43호, 2005.

일 김홍일 외무장관은 SOFA 협상 시작을 요청했으나, 그린 주한미대사관 부대사는 한국의 불안정한 상황과 군사정권의 불확실한 의도를 이유로 수용하지 않았다.[116]

이후 한국 상황이 안정을 찾으면서 케네디 행정부는 박정희 장군과 군사정권을 재평가했다. 박정희 장군의 과거 전력으로 볼 때 공산주의자와 협력할 가능성도 있지만, 현재는 반공주의자로 전향했으며, 군사정권도 미국에 의지하고 협력할 것으로 전망했다.[117] 실제로 군사정권의 혁명공약은 세 가지로 요약된다. 첫째, 반공을 내세우고 경제 재건을 강조함으로써 통일보다 경제 건설에 주력한다. 둘째, UN 및 미국의 협력과 지원 속에서 안정적으로 국정을 운영한다. 셋째, 정권 이양을 약속했지만, '참신하고 양심있는 정치인들'이 없을 경우에는 다른 가능성을 배제하지 않는다는 것이었다.[118] NSC에서도 대한정책과 관련한 세 가지 조치를 건의했는데 군사정권의 민간화, 미국의 새로운 원조지침에 따른 한국 원조 제공, 각종 부정부패에 대한 단호한 조치 시행 등이었다.[119]

116 "Incoming Telegram from Seoul to Secretary of State," June 19, 1961, RG59 General Records of the Department of State, Relating to Political Relations Between the United States and Other States, 1960~63, M1855 Decimal Files 611.95B, Roll No. 134. 611.95B/6-1961 NARA.

117 CIA, 국무부, 국방부 등이 합동 작성한 특별국가정보평가서(Special National Intelligence Estimate)를 참고. "Special National Intelligence Estimate," May 31, 1961, FRUS, 1961~1963, Vol XXII, Northeast Asia, (https://history.state.gov/historicaldocuments/frus1961-63v22/d224).

118 박태균, 2018, p. 85.

119 "Memorandum from Robert H. Johnson of National Security Council Staff to the President's Deputy Special Assistant for National Security Affairs (Rostow)," May 23, 1961, FRUS, 1961~1963, Vol XXII, Northeast Asia, (https://history.state.gov/historicaldocuments/frus1961-

이러한 평가를 바탕으로 케네디 행정부는 SOFA 협상 시작을 레버리지로 활용하여 군사정권의 민정이양과 사법체계 개혁을 연계했다. 이 밖에도 한국에 대한 원조정책 활용, 박정희 장군에 대한 메시지 전달 등 다양한 방법을 활용했다.[120] 미국의 SOFA 협상 전략은 케네디 행정부의 대한정책 맥락에서 이해할 필요가 있다.

1950년대 미국의 대한정책은 안보를 우선한 군사, 경제원조였다면 1960년대 들어 대한정책은 동아시아의 반공 국가라는 한국의 이점을 극대화하면서도 미국의 비용과 개입을 줄여야 한다는 딜레마 속에서 논의되었다.[121] 이러한 딜레마를 극복하는 방법 중 하나가 한국의 경제적 자립이었다. 즉 미국은 한국의 경제적 자립을 적극 지원함으로써 장기적인 비용과 불필요한 개입을 줄일 수 있었다. 이를 위해서는 군사정권의 민정이양을 통해 민주주의 정치체제와 시장경제의 토대가 마련될 필요가 있었다. 새로운 대한정책의 방향은 제3세계 국가의 경제 및 정치발전 이론에 근거한 것으로 상원외교위원회는 밀리칸(Max Millikan)이 이끄는 MIT 국제문제센터에서 작성한 1960년 보고서에서 부분적으로 채택된 것이었다.[122] 케네디 대통령에게도 한국의 군사정권을 안보와 안

63v22/d221).

120 서헌주, "케네디 행정부와 박정희 정권의 주둔군지위협정(SOFA) 협상개시를 둘러싼 갈등 분석, 1962~62,"『한국정치외교사논총』, 제27집 1호, 2006, p. 114.

121 아이젠하워 행정부는 마지막 국가안보회의 문서였던 1960년 NSC 6018(대한정책)에서 장기적인 목표를 다음과 같이 제시했다. "통일한국은 자립적이며, 경제를 성장시키고 자유를 누릴 뿐 아니라 대중의 열망에 효과적으로 대응하고, 사회문제를 효율적으로 처리하는 독립적인 대의제 정부의 형태를 띠어야 한다. 또한 미국과 자유세계에 우호적이면서도 대내 안보 유지와 외부의 공격에 강력히 저항할 수 있어야 한다." 도널드 맥도널드, 2001, p. 58.

122 도널드 맥도널드, 2001, p. 57.

정, 경제발전 및 민주주의를 촉구하는 방식으로 다루어야 한다는 보고가 이루어졌으며, 특히 경제개발을 최우선으로 했다. 이처럼 대한정책의 중점은 1962년 "한국에 대한 정책 및 시행 지침"에서도 지속되었다. 지침서에서는 한국이 일본과 서태평양의 안보에 실질적으로 기여하므로 독립된 반공국가이자 아시아의 민주주의 국가로 발전시키는 것이 미국의 이익이라고 평가했다. 따라서 한국에서 민족주의 부흥으로 SOFA 체결 요구가 높아지는 것에 대해 충분한 법적 보호 장치를 마련한다는 조건으로 한국과 SOFA 협상을 준비하도록 했다.[123]

또한 케네디 행정부는 한국의 경제발전과 역내 안보적 역할을 달성하기 위해 한일협정 체결을 강조했다. 미국은 동아시아 차원에서 한국과 일본을 '우호적으로 연결'함으로써 일본이 한국을 경제적으로 지원하고 미국의 원조 부담을 줄여줄 것으로 봤다. 케네디 대통령 주재로 열린 NSC 회의에서도 한국의 발전을 저해하는 가장 큰 요인으로 한일관계의 지속된 적대감이 제기되었으며, 대한정책의 주요 목표로 한일협정 체결이 논의되었다. 로스토우 국가안보 부보좌관도 한국 경제의 희망적인 요인으로 새로운 경제, 사회적 개혁, 정부에서 일할 젊고 적극적인 인재, 일본과의 관계개선 등 세 가지를 들었다. 케네디 대통령도 버거 주한미대사에게 한일관계 개선에 집중하도록 당부하고 1961년 6월 20일 예정된 미일 정상회담에서 일본 수상과 이 문제를 논의하겠다고 밝혔다.[124]

---

123 도널드 맥도널드, 2001, pp. 61~62.

124 "Notes of the 485th Meeting of the National Security Council," June 13, 1961, FRUS, 1961~1963, Vol XXII, Northeast Asia, (https://history.state.gov/historicaldocuments/

한편 케네디 행정부는 박정희 국가재건최고회의 의장의 11월 미국 방문을 앞두고 박 의장이 SOFA 협상을 요청할 것으로 예상했는데, 앞서 논의한대로 SOFA 협상과 한국의 상황을 연계하여 대응했다. 즉 군사정권이라는 한국의 특수한 상황과 미국민 및 의회의 반대여론을 의식하여 SOFA 협상을 논의할 적절한 시기는 아니지만 군정 상황이 변화된다면 재검토할 수 있다는 입장을 전달했다.[125]

실제로 11월 미국을 방문한 박정희 의장은 SOFA 문제를 거론하지 않은 채 1963년 여름까지 민정이양을 약속함으로써 미국의 기대를 충족시켰다.[126] 박 정희 의장이 SOFA 협상을 요청하지 않는 이유는 민정이양 공약이 협상카드 가 아닌 믿을 수 있는 약속임을 강조하려는 의도이거나, 미국의 지지를 얻기 위해 SOFA 협상 요구로 불필요한 마찰을 피하려는 의도로 보인다.

나. 군사정권의 SOFA 협상 요구와 미국의 전제조건

미국 방문으로 케네디 행정부를 안심시켰던 군사정권은 주요 외교정책 의 제 중 하나로 SOFA 체결을 선정하고 본격적인 협상 준비를 시작했다. 1962년 1월 14일 최덕신 외무장관이 발표한 한국 정부의 9대 외교정책 현안에 SOFA

---

frus1961~63v22/d229).

125 "Topical Outlines for the President for the Conversation with Chairman Park on Tuesday, November 14, 3:30pm at the White House," Papers of President Kennedy, President's Office files, Countries, Korea Security (1961~1963), John. F. Kennedy Presidential Library.

126 "박정희 국가재건최고회의의장 미국 방문, 1961. 11. 12~25." C-0006, 0001~0267, 1962, 외교부 외교사료관; "Memorandum for the Record," RG59 General Records of the Department of State, Executive Secretariat, Conference Files, 1940~63, "Visit of Chairman Park, Nov. 14~15" NARA; 이와 관련 당시 통역인 Paul Crane 박사의 보고서를 참고.

가 포함되었으며 18개 대외조약 체결 대상 중 하나로 SOFA를 선정했다.[127] 한편 임진강나무꾼 피살사건[128] 등 연이어 발생한 주한미군 범죄로 사회적 논란이 일어나자 SOFA 협상 준비는 더욱 탄력을 받았다.[129] 2월 최덕신 장관도 주한미군 범죄에 대해 정확한 진상을 조사 중이라며 한국이 SOFA 미체결국임을 강조했다.[130] 이어서 박정희 의장도 SOFA 체결 시점은 알 수 없으나 빠른 체결을 위해 한미 양국이 계속 검토 중이라고 언급했다.[131]

이에 대해 버거 대사는 최덕신 장관과 회담에서 한국의 휴전상황, 사법체계의 문제점, 특히 혁명재판소의 자의성 및 과도기적 헌정체제 등을 이유로

127 『동아일보』, 1961년 12월 30일, 1962년 1월 15일.

128 "Airgram from AmEmbassy Seoul to SecState Washington," February 13, 1962, RG84 Records of the Foreign Service Posts of the Department of State, Korea, Seoul Embassy, Classified General Records, 1962, 420.1 GI Incidents (US Army Psesonnel), NARA. 한국 인권옹호협회는 1962년 1월 초 발생한 임진강나무꾼 피살사건에 대한 사건진상 보고서를 미 8군과 주한미대사관에 발송하여 공론화했다; 1월 13일 최덕신 외무장관은 임진강나무꾼 피살사건과 관련된 기자회견에서 SOFA의 조속한 체결을 촉구했다. 최덕신 장관은 버거 주한 미대사에게 진상조사를 위한 한미공동조사단 현지파견과 이러한 일이 발생하지 않도록 적절한 방법을 강구하는 문제에 관해 토의했고 엄중 항의했다.

129 "Airgram to SecState Washington from AmEmbassy Seoul," January 22, 1962, RG84 Records of Foreign Service Posts of the Department of State, Korea, Seoul Embassy, Classified General Records, 1962, 320.1 Status of Forces Agreement/Areas and Facilities Agreement, NARA. 1962년 1월 22일 외무부 전상진 국제관계국장은 SOFA 문제 등이 고위급수준에서 논의되고 있는지 확인하고자 미국 측에 보상문제와 SOFA 문제를 제기했다; 주한미군 범죄 외에도 내무부와 외무부는 유엔군이 사용한 수도료 및 전기 사용료의 장기간 체불을 해결해달라고 요구했다. "SOFA-한·미국 합동위원회 공공용역분과위원회," G-0004, 0001-0245, 1962~64, 외무부 외교사료관.

130 "Outgoing Telegram from American Embassy Seoul to SecState Washington," February 16, 1962, RG84 320.1. Status of Forces Agreement(이하 SOFA)/Areas and Facilities Agreement (이하 AFA). 1962, NARA.

131 『동아일보』, 1962년 2월 13일, 2월 17일.

SOFA 협상을 시작하기 어렵다고 밝혔다.[132] 이에 대해 최덕신 장관은 한국의 사법체계 문제를 공개적으로 언급하는 것은 당혹스럽다며 SOFA 협상의 빠른 시작을 요구했다.[133]

한편 케네디 행정부 내에서는 군사정권이 SOFA 협상을 시작해야 하는 국내정치적 부담을 예상했다. 군사정권은 언론에서 SOFA 문제를 거론할 때마다 협상을 요청 중이라고 답변하고 있었다.[134] 따라서 버거 대사는 한국과 SOFA 협상 시작에 동의하되 혁명재판소와 비상계엄조치 등이 철회될 때까지 지연함으로써 군사정권을 압박하고자 했다.[135] 멜로이(Guy S. Meloy Jr) 미8군사령관을 비롯해 예거(Joseph A. Yager) 국무부 동아시아담당도 이러한 방안에 동의하면서, 한국 내 민족주의 정서를 불필요하게 자극하진 않도록 했다.[136] 실제로 군사정권의 SOFA 협상 요구가 공식화되자 케네디 행정부는 한국의 비정상적인 상황을 고려할 때 협상 시작은 이르며, 미국민과 의회의 부정적인 인식, 한국의 혁명재판과 민사재판의 군법회의 활동 등은 SOFA 협상을 시작하는데 장애가 된다고 주장했다. 이러한 상황을 바꾸기 위한 한국의 적절한 조치가 없

132 "Outgoing Telegram from American Embassy, Seoul to SecState Washington," February 14, 1962, RG84, 320.1 SOFA/AFA, 1962, NARA.

133 "Outgoing Telegram from AmEmbassy, Seoul to SecState Washington," March 1, 1962, RG84 320.1. SOFA/AFA, 1962, NARA.

134 관리번호 001-102-2001-0000098 Box 128A, 1962. 3. 13. 『(케네디 대통령 도서관 한국관련 기록물) 1960년대 초반 한미관계 : 1961~1963(상)』, 행정자치부 국가기록원, 2006, p. 250.

135 "Outgoing Telegram from American Embassy, Seoul to SecState Washington, February 16, 1962, RG84 320.1. SOFA/AFA, 1962, NARA.

136 "Memorandum to Governor Harriman from Joseph A. Yager," February 20, 1962. RG59, 611.95B7/2-2062, NARA.

으면 미국은 협상을 시작할 수 없다며 군사정권의 비상계엄해제와 민정이양을 SOFA 협상 시작의 전제조건으로 명시했다.[137]

동시에 국무부는 일본 및 대만 SOFA에서 형사재판권을 어떻게 다룰 것인지 검토하면서 주한미대사관과 다음과 같은 방안을 논의했다. 첫째, 여러 가지 문제(시설과 지역 등)에 대해 한국이 제안한 초안을 개별적으로 제시하는 방안 둘째, 협상 초기에 형사재판권 등 SOFA 전체 내용을 일괄적으로 제시하는 방안이었다.[138]

이처럼 케네디 행정부가 SOFA 협상 전략으로 민정이양과 비상계엄해제를 연계하자 군사정권은 버거 대사에게 한국을 곧 방문할 해리만(W. Averell Harriman) 국무부 극동문제담당 차관보와 이 문제를 논의하고자 했다.[139]

한편 1962년 초부터 발생한 주한미군 사건이 3월에도 지속되면서 한국 내 여론이 빠르게 악화되었다. 국제인권옹호연맹 한국 지부는 3월 10일 빈발하는 주한미군의 불법행위가 한미관계에 끼칠 악영향을 고려하여 케네디 대통령과 UN군 사령관에게 건의문을 발송했고, 한국노동조합총연맹도 해리만 국무차관보의 방한 시 SOFA 체결을 촉구했다. 볼드윈(Roger Baldwin) 국제인권옹호본부 의장도 이활 한국연맹 회장에게 보낸 서한에서 SOFA 체결을 촉구하

---

137 "Joint State-Defense Message, Telegram From D.S. MacDonald To the Embassy in Korea, Seoul," March 13, 1961 National Security Files, Box 128A, JFKL; 관리번호 001-102-2001-0000098 Box 128A, 1962. 3. 13. 『(케네디 대통령 도서관 한국관련 기록물) 1960년대 초반 한미관계 : 1961~1963(상)』, 행정자치부 국가기록원, 2006, pp. 251~252.

138 『한미 행정협정 문서 II (1962~1966)』, 국사편찬위원회, 2009, p. 4(자료 55).

139 "Incoming Telegram from Seoul to Secretary of State," March 13, 1962 RG59 611.96B7/3-1362. NARA.

는 6개 항목을 지지하며 이 서한을 미국 정부에 보내겠다고 밝혔다.[140]

주한미대사관은 주한미군 사건이 증가하고 한국 내 여론이 악화되자 해리만 차관보의 방한에 미칠 부정적인 영향과 SOFA 협상에 대한 새로운 의견을 제시했다.[141] SOFA 협상에 대해 미국의 "다소 긍정적인 조치"가 필요하다는 요구였다.[142] 이는 5·16 군사정변 이후 혁명재판이 거의 마무리된 상황에서 비상계엄조치가 해제된다면 한국의 SOFA 요구가 강해질 것이라는 판단 때문이었다.[143]

결국 러스크 국무장관은 버거 대사에게 보낸 3월 15일자 친서에서 "내달 중 상호 간에 편리한 날짜"를 정해 SOFA 협상을 시작하도록 승인했다. 다만, 형사재판권 논의는 한국의 민간정부 이양과 사법절차 회복 이후에 가능하며, 주한미군이 사용 중인 기지와 시설에 대한 민사청구권은 한국 정부의 책임이라는 기존 입장을 재확인했다.[144]

---

140 『동아일보』, 1962년 4월 10~11일.

141 "Incoming Telegram from Seoul to Secretary of State," March 14, 1962 RG59, 611.95B/2-261-611.96/1-463, NARA; 결과적으로 해리만 차관보는 한국 방문 중 SOFA 문제에 대한 직접적 언급을 피한 채 한국의 정상적인 사법절차 회복을 기대한다는 입장만 표명했다. 관리번호 001-102-2001-0000098 Box 127A, 1962. 3. 19.『(케네디 대통령 도서관 한국관련 기록물) 1960년대 초반 한미관계 : 1961~1963(상)』, 행정자치부 국가기록원, 2006, p. 257.

142 "Guidelines for U.S. Policy and Operations in the Far East," First Draft, March 26, 1962, RG59 Bureau of East Asian Affairs(FE/FA), Central File, 1947~64, Lot 66D 225, "Bundy's Trip to Seoul to US-Japan Committee on Economic and Trade." NARA. SOFA 협상은 케네디 행정부의 동맹관계 차원에서도 우호적으로 검토되기 시작했다. 한국을 방문한 번디 국무부 극동담당 차관보도 "미군이 주둔하고 있는 국가들에게 그것이 갖는 억제력의 중요성을 강조하고 현실적으로 필요한 범위 내에서 이들 국가가 미군기지협정과 관련해 희망하는 조정안에 대해 즉각적으로 응할 것"이라고 밝혔다.

143 "Incoming Telegram from Seoul to Secretary of State," March 15, 1962, RG59 611.96B7/3-1562, NARA.

최덕신 외무장관도 형사재판권과 민사청구권 논의를 연기할 수 있다며 이민, 세관 등 다른 조항의 빠른 협상을 시작하자고 요청했다. 이러한 요청에 대해 주한미대사관은 군사정권이 SOFA에 국가적 위상뿐 아니라 정권의 위신을 결부시키고 있으며 "협상 기간이 아닌 협상 시작 자체"을 중시하고 있다고 분석했다.[145] 최운상 외무부 국장은 4월 27일과 5월 7일에 걸쳐 주한미대사관에 협상을 시작하지 못하는 이유에 대해 불만을 제기했다.[146] 특히 형사재판권 논의는 최대한 뒤로 미룰 수 있으며 주한미군을 비상계엄법 적용에서 제외하겠다는 유연한 입장을 전달하면서 SOFA 협상의 빠른 시작을 촉구했다. 만약 SOFA 협상을 빨리 시작하지 않으면, 일방적으로 대전협정과 마이어협정을 개정하겠다는 압박도 했다.[147] 구체적으로 5·16 1주년 기념일 이전에 협상 시작을 발표해 줄 것을 요구하면서 이는 박정희 의장에 대한 미국의 지지 뿐 아니라 긍정적 한미관계에도 기여할 것이라고 언급했다.[148]

버거 대사는 한국의 협상 요구는 완화될 가능성이 없다고 전하면서 형사재판권 논의를 민정이양 후로 미루겠다는 군사정권의 양해를 전제로 협상을 시

144 "Outgoing Telegram, Department of State to AmEmbassy Seoul," March 15, 1962 RG59 611.95B/5-1262, NARA;『한미 행정협정 문서 Ⅱ(1962~1966)』, 국사편찬위원회, 2009, p. 6 (자료 56).

145 "Incoming Telegram from Seoul to Secretary of State," March 27, 1962, RG59 611.95B/3-2762, NARA.

146 『동아일보』, 1962년 5월 6일.

147 "Incoming Telegram from Seoul to Secretary of State," April 27, 1962, RG59 611.95B/4-2762, NARA.

148 "Outgoing Telegram from AmEmbassy, Seoul to SecState Washington," May 8, 1962, RG84, 320.1, SOFA/AFA, 1962 NARA.

작하기를 권고했다.[149] 특히 이슈별 협상 초안을 개별적으로 논의해가면서 형사재판권을 가장 늦게 다룬다면 군사정권도 공개적인 당혹감을 느끼지 않고 그러한 합의를 공개할 필요가 없다고 조언했다.[150] 이러한 권고에 따라 국무부와 국방부는 SOFA 협상에 대한 입장을 정리했다. 첫째, 과거를 돌아볼 때 한국의 SOFA 여론은 지식층에서 촉발된 것이기 때문에 이를 군사정권이 통제하긴 어려울 것이며, 협상 여건이 악화되기 전에 속도를 조절하면서 협상을 시작하는 것이 바람직하다. 둘째, 한국의 압력에 굴복했다는 소극적 인상을 주기보다는 적극적 인상을 주는 것이 좋다. 셋째, 미국이 장면 내각과 협상을 시작했기 때문에 미국이 지지를 표명한 현 정권과 협상하지 않는 것은 문제가 있다. 결국 국무부와 국방부는 협상 시작의 전제조건을 다음과 같이 제시했다. 첫째, 5월 말 혁명재판소가 해체된 후 협상 준비를 시작한다. 둘째, 정상적인 민정이양 후 형사재판권 문제를 논의할 수 있으며 이는 한국 정부가 서면으로 보증해야 한다. 셋째, 민사청구권 문제를 제기하더라도 책임소재는 전적으로 한국에게 있다. 끝으로 위의 세 가지 조건을 한국 외무장관이 수용할 경우 SOFA 협상을 시작한다.[151]

---

149 "Incoming Telegram from Seoul to Secretary of State," April 24, 1962, RG59 611.95B/4-2462. NARA.

150 "Incoming Telegram from Berger, Seoul to Secretary of State," April 24, 1962, Selected Documents Relating to the SOFA from, RG59, Political Relations Between the U.S. and Ohter States, 1960~63 (Decimal File 611), Mircofilmed on M1855, Roll No. 134 : 611.95B42/2-261-611.96/1-463, NARA; 『한미 행정협정 문서 Ⅱ(1962~1966)』, 국사편찬위원회, 2009, p. 7(자료 57).

151 "Outgoing Telegram from Department of State to AmEmbassy to Seoul," May 11, 1962, Selected Documents Relating to the SOFA from, RG59, Political Relations Between the U.S. and Ohter States, 1960~63 (Decimal File 611), Mircofilmed on M1855, Roll No. 134 :

다. 협상 시작을 위한 미국의 전제조건과 군사정권의 거절

이처럼 미국의 입장은 기존과 달라지지 않았다. 한국 내 부정적인 여론과 군사정권의 지속적인 요구, 한미관계를 고려하여 SOFA 협상 준비를 시작하기로 했으며 민정이양을 압박하려는 의도였다. 주한미대사관은 5월 14일 SOFA 초안을 외무장관에게 구두로 제시하면서 6월 서울에서 공동성명을 발표하자고 제안했다.[152]

반면 군사정권은 미국의 협상 조건이 주권침해로 인식될 수 있다며 거부했다. 최덕신 외무장관은 미국의 조건을 서면으로 보증하고 이를 공개하는 것은 주권침해라고 지적하면서 형사재판권 문제를 민간이양 후 논의하겠다는 "대외비 형식의 보장"은 할 수 있지만 공개적 언급은 반대했다.[153] 또한 군사정권은 혁명재판소(1962년 5월 9일)가 이미 해체되었으며 당시 상황도 사법절차가 정상화된 정권이라고 주장하면서 덜 복잡한 의제부터 협상한다는 점을 공개하겠다고 밝혔다.[154] 군사정권의 의도는 첫째, 미국의 요구를 모두 수용할 경

611.95B42/2-261~611.96/1-463, NARA; 『한미 행정협정 문서 Ⅱ(1962~1966)』, 국사편찬위원회, 2009, p. 8(자료 58).

152   "Incoming Telegram from Berger, Seoul to Secretary of State," May 12, 1962, Selected Documents Relating to the SOFA from, RG59, Political Relations Between the U.S. and Ohter States, 1960~63 (Decimal File 611), Mircofilmed on M1855, Roll No. 134 : 611.95B42/2-261~611.96/1-463, NARA; 『한미 행정협정 문서 Ⅱ(1962~1966)』, 국사편찬위원회, 2009, p. 10(자료 59).

153   "Outgoing Telegram from AmEmbassy, Seoul to SecState Washington," May 18, 1962. RG84, 320.1. SOFA/AFA, 1962. NARA; "Outgoing Telegram from AmEmbassy, Seoul to SecState Washington," May 15, 1962. RG84, 320.1. SOFA/AFA, 1962. NARA. 최운상 외무부 국제국장도 버거 대사에게 보안 유지의 난점을 들어 민사청구권 및 형사재판권 논의의 연기에 관한 성명을 협상재개 문서에 포함시키는 것은 반대했다.

154   대화와 외교각서 내용은 "Outgoing Telegram from AmEmbassy, Seoul to SecState

우 SOFA 협상에서 많은 제약이 따르기 때문이다. 둘째, 민사청구권에 대한 한국의 책임을 협상을 통해 조율할 의도였다. 셋째, 덜 복잡한 의제부터 협상하겠다는 입장을 공동성명에서 분명히 하고자 했다.[155] 실제로 5월 22일 최덕신 외무장관은 미국의 의사를 전달받진 못했지만 빠른 협상을 요청하는 한국 정부의 입장에는 변함이 없다고 밝혔다.[156] 미국과 협상은 조건 없는 상태에서 시작해야 하고 협상 과정에서 합의 속도가 달라질 수 있다는 입장이었다.[157] 이처럼 군사정권이 미국의 협상 시작 조건을 거부하자 버거 대사는 기존 입장을 고수할 것인지 전제조건에 대한 보증없이 협상을 준비하면서 협상 시작을 지연시킬지 문의했다.[158]

그 사이 파주에서 논란이 된 주한미군 범죄가 발생했다. 1962년 5월 28일

Washington," May 26, 1962, RG84, 320.1 SOFA/AFA, 1962, NARA.; "Outgoing Telegram frm AmEmbassy, Seoul to SecState Washington," May 28, 1962, RG84, 320.1 SOFA/AFA, 1962, NARA.

155 공동성명에 대해서는 "Incoming Telegram from Seoul to secretary of State," May 12, 1962. Selected Documents Relating to the SOFA from, RG59, Political Relations Between the U.S. and Other States, 1960~63 (Decimal File 611), Mircofilmed on M1855, Roll No. 134 : 611.95B42/2-261-611.96/1-463, NARA; 『한미 행정협정 문서 Ⅱ(1962~1966)』, 국사편찬위원회, 2009, p. 11(자료 59).

156 관리번호 001-102-2001-0000102 Box 128A, 1962. 5. 22. 『(케네디 대통령 도서관 한국관련 기록물) 1960년대 초반 한미관계 : 1961~1963(상)』, 행정자치부 국가기록원, 2006, p. 294.

157 "Incoming Telegram from Berger, Seoul to the Secretary of State," May 26, 1962, Selected Documents Relating to the SOFA from, RG59, Political Relations Between the U.S. and Ohter States, 1960~63 (Decimal File 611), Mircofilmed on M1855, Roll No. 134 : 611.95B42/2-261-611.96/1-463, NARA; 『한미 행정협정 문서 Ⅱ(1962~1966)』, 국사편찬위원회, 2009, p. 13(자료 61).

158 "Outgoing Telegram from AmEmbassy, Seoul to SecState Washington," May 29, 1962, RG84 320.1. SOFA/AFA 1962, NARA.

파주 미군부대 철조망 근처에서 고철을 줍던 이일룡씨가 절도혐의로 미군장교들에게 붙잡혀 주한미군 종업원들 앞에서 거꾸로 매달린 채 구타를 당했고 돌로 손을 찍히는 부상을 입었다. 이 사건으로 군사정권은 SOFA 체결을 다시 한번 강하게 요구했다. 최덕신 장관은 강한 유감을 표명하면서 사건 관련자의 엄단과 피해자 보상 및 예방조치를 요구했다.[159] 국제인권옹호연맹 한국본부도 한국 정부와 주한미대사관, 멜로이 미8군사령관에게 비인도적 만행을 규탄하고 사건 재발방지를 위한 근본적인 대책을 요구하는 건의문을 전달했다.[160]

파주 사건은 한국민에게 충격을 주었고 매우 부정적인 여론과 사회적 동원을 촉진했다. 실제로 6월 6일 고려대학교 학생들은 결의문을 발표하고 일부 몰지각한 미국인들의 모욕적인 만행에 대한 분노와 주권국가로서 권리와 의무를 명백히 할 방법으로 SOFA 체결을 요구하는 성명을 발표했다.[161] 6월 8일에는 서울대학교 학생들이 한미 SOFA 체결을 촉구하며 시위를 벌였다.[162]

케네디 행정부는 파주 사건이 한국민의 억눌렸던 감정을 표출할 구실이 되고 있으며, 군사정권이 SOFA 체결을 해결책으로 제시할 것으로 봤다. 케네디 행정부도 군사정권이 국민 감정에 편승하여 주한미군의 시설 비용의 지불 문

---

159 "Outgoing Telegram from AmEmbassy, Seoul to SecState Washington," June 4, 1962, RG84 320.1, SOFA/AFA 1962, NARA.

160 『동아일보』, 1962년 6월 6일.

161 법과사회연구회, 『한미행정협정』, (서울 : 도서출판 힘), 1988, p, 81; 『동아일보』, 1962년 6월 7일; "미군의 한국인 상해사건 관계철," G-0001, 156, 1954~58, 외교부 외교사료관.

162 "Outgoing Telegram from Berger, Seoul to the Secretary of State," June 8, 1962, Selected Documents Relating to the SOFA from RG84, Korea; U,S, Embassy, Seoul; Classified General Records 1962, Box No. 31; 『한미 행정협정 문서 II (1962~1966)』, 국사편찬위원회, 2009, p. 15(자료 62).

제에서 일본, 독일 등 다른 나라와 동등한 SOFA 체결을 요구하는데 경계심을 나타냈다.[163] 주한미대사관도 상황의 심각성을 인식하고 미국이 이번 시위를 사소하거나 일시적인 것으로 치부하면 실수라고 평가하면서, 주한미군이 주둔하는 한 이 문제를 피할 순 없으므로 협상을 시작해야한다고 국무부에 건의했다.[164]

군사정권도 SOFA 협상 시작을 압박하고자 당시 상황을 전략적으로 활용했다. 한편으로 군사정권은 6월 6일부터 8일까지 격렬했던 대학생 시위 진압에 소극적으로 대처하거나, 연행했던 시위대를 석방했다. 당시 상황에 대해 주한미대사관도 군사정권이 민족주의 여론을 활용하고 있으며, 학생시위를 묵인한다고 보고했다. 다른 한편으로 군사정권은 SOFA 협상 경위와 문제를 공개적으로 발표함으로써 미국의 자세를 비판하는 성명을 발표했다.[165] 군사정권은 SOFA 체결에 대한 국민의 열망과 양국 정부의 오해를 해소하겠다는 취지로 이러한 발표를 기획했다지만, 실제로는 SOFA 협상 부진의 책임을 미국에 전가하고 적극적인 협상을 요구하려는 의도였다.

같은 시기 SOFA 문제로 사임 압력을 받고 있었던 최덕신 장관은 버거 대사에게 협상 시작을 강하게 요구했으며,[166] 정일권 주미한국대사도 해리만 국무

163 Outgoing Telegram from AmEmbassy, Washington, Priority 1231," June 6, 1962, RG84 320.1 SOFA/AFA, 1962, NARA.

164 관리번호 001-102-2001-0000033 Box 128, 1962. 6. 6. 『(케네디 대통령 도서관 한국관련 기록물) 1960년대 초반 한미관계 : 1961~1963(상)』, 행정자치부 국가기록원, 2006, pp. 302~304.

165 "Outgoing Telegram from AmEmbassy, Seoul to SecState Washington," June 6, 1962, RG84 320.1. SOFA/AFA 1962 NARA; 『동아일보』, 1962년 6월 9일.

166 관리번호 001-102-2001-0000033 Box 128, 1962. 6. 8. 『(케네디 대통령 도서관 한국관련 기

부 차관보를 만나 이 문제를 논의하는 등 미국에 대한 압박을 전개했다.[167] 군사정권은 미국을 압박하는 동시에 SOFA 협상을 시작하기 위한 유연한 입장도 전달했다. SOFA 협상에서 합의된 어떤 내용도 1963년 민정이양까지 공시 체결과 효력이 발생하지 않도록 보장하겠다는 입장이었다.[168]

한편 케네디 행정부 내에서는 다른 나라와 미국의 SOFA를 파악한 군사정권이 이들과 동등한 대우를 요구하는 것에 우려를 나타냈다.[169] 그러나 SOFA 협상에 대한 미국의 기본 입장 중 하나는 SOFA 협정이 해당 지역의 환경에 따라 다양하게 체결되어야 한다는 점이었다. 실제로 주한미대사관은 최덕신 장관에게 한국은 UN 참여문제와 아직 휴전상황임을 고려하여 일본과 같은 SOFA 협정을 체결할 수 없다고 전달했다.[170] 이런 점을 고려하여 국무부는 SOFA 협상 시작의 수정안을 마련했다. 수정안도 1963년 민정이양 전까지 형사재판권 논의를 할 수 없다는 점에서 이전 조건과 변함은 없었지만 이러한 조건을 서면으로 보증받지 않기로 했다.[171] 이처럼 군사정권의 압박은 미국의

록물) 1960년대 초반 한미관계 : 1961~1963(상)』, 행정자치부 국가기록원, 2006, pp. 309~310.

167   관리번호 001-102-2001-0000033 Box 128, 1962. 6. 7. 『(케네디 대통령 도서관 한국관련 기록물) 1960년대 초반 한미관계 : 1961~1963(상)』, 행정자치부 국가기록원, 2006, pp. 306~307; 『한미 행정협정 문서 Ⅱ (1962~1966)』, 국사편찬위원회, 2009, p. 36(자료 73).

168   "Outgoing Telegram from AmEmbassy, Seoul to SecState Washington," June 6, 1962, RG84 320.1 SOFA/AFA, 1962, NARA.

169   "Memorandum from William H. Brubeck, Executive Secretary to McGeorge Bundy the White House : Reopening of Status of Forces Negotiations with Korea," Papers of President Kennedy, National Security Files, Countries, "Korea General 3/62-7/62," 『한미 행정협정 문서 Ⅱ (1962~1966)』, 국사편찬위원회, 2009, p. 28(자료 69-1).

170   관리번호 001-102-2001-0000034 Box 128, 1962. 6. 17. 『(케네디 대통령 도서관 한국관련 기록물) 1960년대 초반 한미관계 : 1961~1963(상)』, 행정자치부 국가기록원, 2006, pp. 340~343.

171   "Memorandum from Joseph A. Yager to Governor Harriman," June 7, 1962, RG59

협상 시작과 조건 수정을 이끌어내는데 일정한 성과를 거두었다.

맥도널드 국무부 한국담당은 미국을 압박하려는 군사정권의 협상 전략을 다음과 같이 분석했다. 첫째, 미군 병사의 사고를 공개하여 대중 시위와 운동을 자극한다. 둘째, UN군 사령관의 작전통제권이나 관련 없는 다른 문제로 미국과의 관계를 자극한다. 셋째, 미국 관리나 민간인의 사건이나 실수를 이용해 미국을 귀찮게 만든다. 이에 대해 케네디 행정부도 대응책을 논의했다. 미국도 군사정권을 압박하기 위해 주한미군에 대한 한국인 사건들을 공개하도록 준비하고, 한국이 원하는 원조 증가와 외국인 투자 증가를 적절히 활용하는 방안이었다.[172]

케네디 행정부 내에서는 국무부와 국방부의 이견이 있었지만 우선 한국 측에 SOFA 협상을 시작하자고 제안했다. 케네디 행정부 내부에서는 국무부와 국방부의 이견이 계속되었다. 포레스탈(Michael V. Forrestal) NSC 위원은 "미 법무관들이 만족할 만한 사법적인 안전보장이 이루어질 때까지 그 어떤 조항의 협정도 체결하지 않으면 되지만 어떻게 협상 시작 자체를 거부할 수 있는지 모르겠다"고 답답함을 소호했다. 그는 SOFA와 관련한 교착국면 타결을 위해 번디(McGeorge Bundy) 국가안보보좌관에게 국방부의 협조를 요청했다.[173]

611.95B7/6-762, NARA.

172 "Outoging Telegram from the Department of State to AmEmassy, Seoul," June 8 1962, Selected Documents Relating to the SOFA from, RG59, Political Relations Between the U.S. and Ohter States, 1960~63 (Decimal File 611), Mircofilmed on M1855, Roll No. 134 : 611.95B42/2-261-611.96/1-463, NARA; 『한미 행정협정 문서 Ⅱ (1962~1966)』, 국사편찬위원회, 2009, p. 17(자료 63).

173 "Memorandum from Michael V. Forrestal to McGerorge Bundy, the White House : Status of Forces Agreement in Korea," Papers of President Kennedy, National Security Files,

그런데 박정희 의장은 미국의 제안을 거부했다. 왜냐하면 형사재판권을 협상하지 않으면 미국의 지지를 확인할 수 없으며 국민들의 이해도 구할 수 없을 것으로 판단했기 때문이었다.[174] 이에 따라 군사정권은 협상 의제에 형사재판권을 포함시키되 실제 논의는 미루자는 타협안을 제시했다. 덧붙여 민정이양이 완료된 이후 SOFA를 체결하는 일정도 제시했다. 최덕신 장관은 미국의 사법기준에 맞추기 위해 국회 다음 회기 안에 특별법 채택의 용의가 있다는 제안을 했으며,[175] 이 제안을 수용하여 군사정권에 대한 미국의 지지를 보여달라고 요청했다. 그러면서 이를 거부할 경우 미국의 협상 조건을 공개하겠다고 압박했다.[176]

이처럼 케네디 행정부는 박정희 의장의 강경한 입장에 대해 협상 전략변화를 모색하기 시작했다. 주한미국대사관은 일단 군사정권이 SOFA에 대해 언론과 대중을 진정시킨 것 같다는 판단 미국은 한국 내 SOFA 촉구시위가 박정희 정부의 사주라는 미국 내 언론보도에 대해 진화에 나서면서 화이트(Lincoln

---

Countries, "Korea General 3/62-7/62,"『한미 행정협정 문서 Ⅱ(1962~1966)』, 국사편찬위원회, 2009, p. 30(자료 70).

174 "Outoging Telegram from the Department of State to AmEmassy, Seoul," June 9 1962, Selected Documents Relating to the SOFA from, RG59, Political Relations Between the U.S. and Ohter States, 1960~63 (Decimal File 611), Mircofilmed on M1855, Roll No. 134 : 611.95B42/2-261-611.96/1-463, NARA;『한미 행정협정 문서 Ⅱ(1962~1966)』, 국사편찬위원회, 2009, p. 23(자료 66).

175 "Memorandum from the Executive Secretary of the Department of State (Brubeck) to the President's Special Assistant for National Security Affairs(Bundy)," FRUS, 1961~1963, Vol XXII, Northeast Asia, (https://history.state.gov/historicaldocuments/frus1961-63v22/d262).

176 미국 측 6월 9일 전문에 대한 한국 측 공식답변은 "Aide-Memoire of Ministry of Foreign Affairs, Republic of Korea," June 14, 1962. RG84 320.1 SOFA/AFA 1962, NARA.

White) 국무부 대변인은 대학생 시위에 대한 미국 언론 보도는 잘못된 관측일 뿐 아니라 학생시위도 반미시위나 관제시위가 아니라고 평가했다.[177] 아래 군사정권의 타협안에 따른 SOFA 협상 시작을 건의했다. 즉 형사재판권 협상을 서두르지 않겠다는 약속을 받는다면 협상을 하는 것이 민정이양을 추진하고 있는 군사정권을 자극하지 않고 양국에 이익이 된다는 분석이었다.[178] 이처럼 버거 대사는 형사재판권 논의를 연기하고 여유있는 상황에서 논의하자는 군사정권의 보장을 신뢰할 수 있다고 평가했다. 비록 협상 시작이 한국의 대중적 압력에 미국이 굴복한 것으로 보인다는 우려가 있었지만, 미국의 원칙을 분명히 지키면 된다는 의견이었다.

케네디 행정부는 원칙을 강조하기 위해 한미 공동성명을 통해 민정이양 이후 SOFA 체결이 가능하다는 공개적 언급을 검토했다.[179] 구체적으로 정상적인 입헌정부와 사법절차의 회복 및 미국 기준과 동일한 재판의 공정성 등을 보장한다면 협상을 시작할 수 있다는 내용을 공동성명에 포함시키고자 했다.[180]

---

177 "Outgoing Telegram from AmEmbassy Seoul to SecState, Washington, D.C." June 6, 1962, RG84, 320.1 SOFA/AFA 1962, NARA.

178 관리번호 001-102-2001-0000033 Box 128, 1962. 6. 12.『(케네디 대통령 도서관 한국관련 기록물) 1960년대 초반 한미관계 : 1961~1963(상)』, 행정자치부 국가기록원, 2006, pp. 324~326.

179 "Incoming Telegram from Berger, Seoul to the Secretary of State," June 12, 1962, Selected Documents Relating to the SOFA from, RG59, Political Relations Between the U.S. and Ohter States, 1960~63 (Decimal File 611), Mircofilmed on M1855, Roll No. 134 : 611.95B42/2-261-611.96/1-463, NARA;『한미 행정협정 문서 Ⅱ(1962~1966)』, 국사편찬위원회, 2009, p. 32(자료 71).

180 관리번호 001-102-2001-0000034 Box 128, 1962. 6. 25.『(케네디 대통령 도서관 한국관련 기록물) 1960년대 초반 한미관계 : 1961~1963(상)』, 행정자치부 국가기록원, 2006, pp. 358~359.

라. 공동성명을 둘러싼 양국의 갈등과 타협

전제조건의 수정을 통해 합의된 SOFA 협상의 시작은 공동성명 내용을 두고 다시 갈등을 겪었다. 최덕신 외무장관은 미국의 조건을 공동성명에 명시하는데 반대했다. 특히 최덕신 장관은 마지막 문장에서 "어떤 경우든 향후 한국의 헌정체제 변화를 고려할 때, SOFA 체결은 정상적인 입헌정부와 사법절차가 회복된 이후에야 가능하다"를 "체결된 협정은 1963년 민정이양 이후에 발효되는 것으로 간주한다"로 대체할 것을 요구했다.[181] 만약 이를 수용하기 어렵다면 마지막 문장을 공동성명에서 삭제하고 양측이 기자회견을 따로 개최하는 방안도 제시했다. 그러나 버거 대사는 "시간 개념이 불분명하고 정상적인 입헌과 사법절차에 대한 구체적인 언급이 없다"면 반대했다.[182] 덧붙여 버거 대사는 자신이 국무부로부터 "SOFA 체결은 민정이양과 만족스러운 사법절차가 확립된 이후"라는 조건으로 협상 재량권을 부여받았다고 밝혔다.[183]

1962년 6월부터 공동성명의 마지막 문구를 놓고 교착상태에 놓인 양측은 협상을 시작하지 못했다. 한국 외무부는 주한미대사관을 설득하려고 여러 차

181 "Incoming Telegram from Seoul to Secretary of State," June 29, 1962, RG59 611.95B7/6-2362. NARA.

182 "Incoming Telegram from Berger, Seoul to Secretary of State," June 23, 1962, Selected Documents Relating to the SOFA from, RG59, Political Relations Between the U.S. and Other States, 1960~63 (Decimal File 611), Mircofilmed on M1855, Roll No. 134 : 611.95B42/2-261-611.96/1-463, NARA; 『한미 행정협정 문서 II (1962~1966)』, 국사편찬위원회, 2009, p. 42(자료 78).

183 "Incoming Telegram from Berger, Seoul to Secretary of State," June 25, 1962, Selected Documents Relating to the SOFA from, RG59, Political Relations Between the U.S. and Ohter States, 1960~63 (Decimal File 611), Mircofilmed on M1855, Roll No. 134 : 611.95B42/2-261-611.96/1-463, NARA; 『한미 행정협정 문서 II (1962~1966)』, 국사편찬위원회, 2009, p. 44(자료 79).

례 노력했다. 군사정권은 민정이양과 정상적인 사법절차의 수립이라는 두 가지 조건을 공개했을 때 직면할 수 있는 다음과 같은 부정적인 영향을 의식했다. 첫째, 두 가지 조건을 공표할 경우 군사정권이 비정상적이고 과도기라는 점을 스스로 인정하는 것으로 정권의 위신이 크게 손상될 수 있었다. 따라서 미국은 한국 외무장관의 구두 약속이나 구체적이지 않은 일반적인 내용을 언급하는데 만족해야 한다고 판단했다. 둘째, 공동성명의 내용은 민정이양을 서두르라는 미국의 압력에 굴복하는 것과 마찬가지였다. 셋째, 미국의 요구를 수용하면, 일본도 한일관계 정상화를 민정이양 이후에 해결하자는 선례가 될 수 있었다. 넷째, 정상적인 사법절차의 수립이라는 조건은 매우 모호해서 미국이 원하면 언제나 협상을 중지시킬 수 있었다. 주한미대사관이 이러한 문제제기를 받아들이지 않자 군사정권은 언론에 이러한 문제를 흘려 미국을 압박했다.[184]

8월 군사정권은 공동성명을 둘러싼 교착상태를 풀기 위해 케네디 행정부에 여섯 가지 타협안을 제시했다. 첫째, 공동성명의 마지막 문장을 삭제한다. 둘째, 공동성명이나 개별보도와 같은 공개적인 발표 없이 SOFA 협상을 시작한다. 셋째, 마지막 문장을 삭제하는 대신 "그러나 형사재판권 문제에 대한 실질적인 협상은 상호협의가 가능한 시기에 시작하도록 양해한다."로 대체한다. 넷째, 마지막 문장을 삭제하는 대신 같은 문구를 부속서에 포함시킨다. 다섯째, 공동성명 없이 개별보도를 이용하고 내용은 사전에 상호 합의한다. 여섯째, 마

---

184 "Incoming Telegram from Seoul to Secretary of State," August 1, 1962, Papers of President Kennedy, National Security Files, Countries, Korea, "Cables 7/21/62~8/31/62."; 관리번호 001-102-2001-0000036 Box 129, 1962. 8. 1. 『(케네디 대통령 도서관 한국관련 기록물) 1960년대 초반 한미관계 : 1961~1963(상)』, 행정자치부 국가기록원, 2006, pp. 404~405.

지막 문장에서 "그리고 정상적인 사법절차의 수립"이라는 문구를 삭제하고 "민정이양"이라는 문구만 남겨둔다.

이 중 버거 대사는 국가재건최고회의에서 승인되지 않고 제시된 여섯째 제안을 제외했고, 나머지 다섯 가지 제안도 SOFA 체결을 민정이양 이후로 보류하지 않았다며 반대했다. 특히 버거 대사는 여섯째 제안에 대한 평가에서 군사정권이 "정상적인 사법절차의 수립"에 민감하게 반응하고 있으며 다른 나라와 달리 한국만 차별하는 조치로 여긴다고 해석했다.

실제로 한국 외무부 보도자료에 따르면 "정상적인 사법절차의 수립"이라는 문구를 삭제하는 대신 "사법 기준과 관련해서 외무장관은 미국이 SOFA를 체결한 다른 국가들의 기준을 한국도 수용하겠다."는 문구가 제시되었다.[185] 이에 대해 러스크 국무장관은 한국의 타협안을 기초로 "미국 정부는 자국의 기준과 상이한 사법체계와 절차를 갖는 국가들과 SOFA를 잘 다뤄왔다"는 문구를 제시했으며, 다른 국가와 약속한 보완적인 형사재판권은 비밀로 제시했음을 통보했다.[186] 러스크 장관은 이러한 내용이 주한미군에 대한 공정한 재판을 보장하고 협상을 무기한 지연시킬지 모른다는 군사정권의 불안감을 해소할 것으로 판단했다. 덧붙여 러스크 장관은 공동성명의 마지막 문장에서 "민정이양"과 "정상적인 사법절차의 수립"이라는 문구를 유사한 의미로 해석하고, "민정이양"만 남겨두자는 한국의 타협안을 수용했다.[187]

---

185 "Outgoing Telegram AmEmbassy Seoul To SecState Washington, August 8, 1962, RG84, 320.1. SOFA/AFA, 1962. NARA; 『한미 행정협정 문서 Ⅱ(1962~1966)』, 국사편찬위원회, 2009, p. 49(자료 82).

186 관리번호 001-102-2001-0000036 Box 129, 1962. 8. 29. 『(케네디 대통령 도서관 한국관련 기록물) 1960년대 초반 한미관계 : 1961~1963(상)』, 행정자치부 국가기록원, 2006, pp. 420~422.

이에 대해 최덕신 장관도 9월 3일 버거 대사에게 수용하겠다는 각서를 전
달함으로써 공동성명을 둘러싼 교착상태는 해소되었다. 군사정권은 수용각
서에서 첫째, "SOFA 조항의 복잡한 문제가 있을 뿐 아니라 협상에도 상당
한 기간이 소요될 수 있다는 주한미대사의 견해에 동의한다. 따라서 한국 외
무장관은 덜 복잡한 문제를 먼저 논의하고 더 복잡한 문제를 협상 진전에 따
라 향후 논의할 수 있다"고 명시했다. 둘째, 형사재판권 문제와 관련해서는
미국의 최종 수정안을 받아들여 미국과 다른 사법체계를 가진 국가들을 잘
처리해왔다는 문구를 포함했다. 셋째, 정상적인 사법절차의 수립에 관한 문구
는 삭제했다.[188]

9월 6일 한미 양국은 SOFA 협상 시작에 대한 공동성명을 발표했다. 언론
에서는 공동성명에 미국의 입장이 많이 반영되었다고 평가했지만,[189] 앞선 과
정과 같이 군사정권은 "정상적인 사법절차의 수립"이라는 문구를 삭제했으
며, 형사재판권에 대한 제약과 협상체결 시기 역시 "민정이양 이후"라는 제한
을 수용했지만 형사재판권을 협상 의제에 포함시킬 수 있었다. 해당되는 공
동성명 내용은 다음과 같다. "어떤 주둔군지위협정도 복잡한 문제를 내포하
고 있는 고로 교섭은 상당한 시일을 요할 것으로 인정하는 바이다. 따라서 한
국에 불원간 있을 헌법개정을 감안하여 주둔군지위협정의 체결은 민정이양을

187　"Outgoing Telegram from the Department of State To AmEmbassy Seoul 173," August 29,
　　　1962, RG59 611.95B7/8-862, NARA.

188　"Outgoing Telegram from AmEmbassy Seoul to SecState Washington," September 3, 1962.
　　　RG84 320.1 SOFA/AFA. August-December 1962, NARA.

189　『동아일보』, 1962년 9월 6일.

기다려 이루어지게 된 것으로 이해하는 바이다."[190] 그 결과 군사정권의 제1차 SOFA 협상은 9월 20일 외무부에서 열렸다. 한국 측 협상대표는 진필식 외무부 정무국장이었고 미국 협상대표는 하비브(Philip C. Habib) 주한미대사관 참사관이었다.[191] 10월 10일 열린 제3차 SOFA 협상에서는 토지 및 시설, 형사재판권, 형사 행정, 민사청구권 등의 협상의제 28개를 공식 채택했다.

마. SOFA 협상의 연계 이슈 : 한일협정

한미 SOFA 협상은 1962년 9월 시작되었지만 미국의 조건대로 1963년 말 민간이양 때까지 실질적인 성과는 없었다. 이 과정에서 박정희 국가재건최고회의 의장은 민정이양 약속을 번복하고 군정연장을 선언하여 미국과 갈등을 초래하기도 했다. 결국 1963년 말 대통령 선거로 민정이양에 성공한 박정희 대통령은 1964년부터 SOFA 협상에 속도를 냈다. 실제로 1964년 1월 29일 SOFA 협상에서 한국 협상단은 미군 시설에 대한 보상 문제에서 한국의 어려운 재정 상황을 미국이 호의적으로 고려해주길 요청했다.[192] 주한미대사관도 민정이양이 완료됨에 따라 SOFA 협상이 실질적으로 이루어지길 원했다.[193]

이 시기 한미 간에는 한일관계 정상화와 한국의 베트남파병이 본격화되면

---

190 서헌주, 2006, p. 132.

191 "Opening Session, SOFA Negotiations Remarks by Ambassdor Berger," September 20, 1962, RG84, 320.1 SOFA/AFA August–December 1962. NARA;『조선일보』, 1962년 9월 21일.

192 "Airgram From the Embassy in Korea to the Department of State," February 5, 1964, FRUS, 1964~1968, Vol XXIX, Part I Korea, pp. 12~13 (https://history.state.gov/historicaldocuments/ frus 1964–68v29p1/d3).

193 『동아일보』, 1964년 1월 8일.

서, SOFA 협상에도 영향을 끼쳤다. 주일미국대사관에서 보낸 전문에 따르면 미국은 한일협정이 한미 SOFA 보다 더 포괄적인 이슈임을 한국 외무부에 강조하도록 했다.[194] 케네디 행정부에 이어 존슨 행정부도 근대화와 경제개발을 대한정책의 우선순위로 상정했다. 구체적으로 존슨 행정부는 한일협정의 빠른 체결의 필요성을 다음과 같이 논의했다. 첫째, 한국의 안정을 위한 경제개발은 미국의 지속적인 원조뿐 아니라 일본 경제의 원조로도 가속화 된다. 둘째, 한국의 수출을 위한 일본시장의 접근이 쉬워지고 한국 경제개발에 도움이 된다. 셋째, 아시아에서 힘과 자유세계 조화에 대한 걸림돌이 제거된다. 넷째, 북한 정권과 경쟁에서 한국의 위상이 강화된다는 논리였다.[195]

한편 한국과 일본의 미국 외교관에게는 한일협정 체결이 중요한 임무 중 하나였는데, 존슨 대통령은 1964년 8월 새로 부임한 브라운(Winthrop G. Brown) 주한미대사에게 한일협정이 가장 급선무라고 강조했다.[196] 브라운 대사는 한일협정 과정에서 나타난 대일감정의 악화를 우려하고 있었기 때문에[197] SOFA 체결이 상처받은 한국의 민족자존심을 회복하는 대안이 될 것으로 봤다.[198] 또

---

194   관리번호 001-102-2001-0000099 Box 129, 1962. 10. 20.『(케네디 대통령 도서관 한국관련 기록물) 1960년대 초반 한미관계 : 1961~1963(하)』, 행정자치부 국가기록원, p. 29.

195   "Korean-Japanese Relations," May 17, 1962 National Security Files, Box 336, John. F. Kennedy Presidential Library; "한국-일본 관계," 관리번호 001-102-2001-0000001 Box 336, 1962. 5. 17.『(케네디 대통령 도서관 한국관련 기록물) 1960년대 초반 한미관계 : 1961~1963(상)』, 행정자치부 국가기록원, pp. 290~294.

196   이재봉, "한일협정과 미국의 압력,"『한국동북아논총』, 제54집, 2010. p. 129.

197   브라운 주한미대사는 1964년 8월 17일 부임과 동시에 한일협정의 조기 타결을 한국 정부에 재촉했다. 번디 극동담당 국무부 차관보도 일본과 한국을 방문한 자리에서 한일협정에 대한 미국의 관심을 표명했다.

198   당시 한미 양국에게 SOFA 협상 자체는 가장 중요한 문제는 아니었으며 다른 문제에 도움

한 박정희 정부가 민정이양의 약속을 지켰으므로, 민정이양 후 SOFA 체결에 대한 미국의 약속을 한국민이 주시할 것으로 봤다.[199]

그러나 한미 간 SOFA 협상은 순탄하지 않았다. 2월 열린 제44차 SOFA 협상에서 장상문 한국 협상대표(외무부 미주국장)가 SOFA 체결을 한일협정 다음으로 국민적 관심이 높다고 강조했지만, 미국의 SOFA 초안은 대전협정과 다르지 않았다.[200] 국내에서는 SOFA 체결을 촉구하는 국회 건의안이 채택되는 등 관심이 고조되었다. 게다가 박정희 정부가 한일협정의 3월 합의, 4월 서명, 5월 비준이라는 일방적인 방침을 밝히자 3월부터 한일협정에 대한 부정적인 여론이 높아졌다. 야당은 '대일굴욕외교반대 범국민투쟁위원회'를 결성하고 공개적으로 반발했으며, 대통령 특별담화에도 불구하고 대학생들은 한일협정에 반대하는 시위를 확대했다. 5월 20일 서울대학교 문리대에서는 '민족적 민주주의 장례식'이 열려 군병력이 투입되었다. 학생들이 주도한 시위는 비상계엄이 선포된 6월 3일(6·3항쟁) 절정에 이르면서 사실상 한일협정 회담도 중단되었다.

이로 인해 박정희 정부는 한일협정이 좌절될지 모르는 위기를 겪었고, 국내 정치적 지지도 약화되는 상황이었다. 또한 제1의 목표였던 경제개발도 미국

이 되는 수단으로서 인식되었다. 군사정권의 경우 군사정변 초기 제시한 경제공약의 효과가 미진한 가운데 경제개발 문제를 놓고 미국과 갈등을 빚고 있었고, 케네디 행정부도 SOFA 협상보다는 한일관계정상화가 미칠 동아시아 전략의 긍정적 효과를 더 중시했다.

199 "Airgram from the Embassy in Korea to the Department of State," February 5, 1964, FRUS, 1964~1968, Vol XXIX, Part I Korea, p. 8. (https://history.state.gov/historicaldocuments/frus1964-68v29p1/d3).

200 MBC 문화방송, 『"이제는 말할 수 있다." 동맹의 거울 소파(SOFA) 자료집』, 2003, p. 55.

의 경제원조 삭감과 일본의 청구권 자금 도입지연으로 인해 계획대로 추진되지 못했다.[201] 이처럼 한일협정 논의가 중단되자 존슨 행정부는 박정희 정부에 대한 경제적, 군사적 지원을 지속하고 한일 간 현안 해결을 돕겠다고 나섰다. 8월 브라운 대사는 한일회담 반대가 반미운동으로 확대되는 것을 막기 위해 SOFA 체결을 진전시키기로 했다.

이러한 배경에는 존슨 행정부의 한일협정 중시와[202] 주권국가로서 한국민의 자부심에 대한 고려가 자리잡고 있었다. 브라운 대사는 번디 국무부 극동담당 차관보에게 보낸 전문에서 "만족스러운 SOFA 체결은 한국민에게 명예의 상징이 될 수 있다. 형사재판권의 자동포기를 강요함으로써 협상에 실패할 경우 학생시위는 통제하기 어려울 것이라고" 조언했다. 그 결과 10월 3일 한국을 방문한 번디 차관보는 이동원 외무장관과 환담에서 한일협정의 빠른 실현을 촉구하면서 SOFA 협상의 진전을 기대한다고 밝혔다.[203]

이런 분위기는 다음 해에도 지속되었다. 1965년 전반 존슨 행정부는 한일협정을 지원하고자 경제원조 공약을 검토했다. 경제원조가 한일협정에 대한 국회 비준과 한국민의 동의를 이끌어내는데 효과적인 수단이라고 봤기 때문이었다. 브라운 대사도 한국민이 한일협정에 대해 가지고 있는 불안(한일협정 이후 미국이 경제원조 부담을 일본에 전가)을 없애려면 경제원조 공약을 빨리 발표할수

---

201 이원덕, 『한일 과거사 처리의 원점』, (서울 : 서울대학교 출판부, 1996), p. 249.

202 Herbert Bix, "Regional Integration : Japan and South Korea in America's Asian Policy," Frank Baldwin ed., Without Parallel, (New York : Pantheon Books, 1973).

203 "Letter From the Ambassador to Korea (Brown) to the Assistant Secretary of State for Far Eastern Affairs (Bundy)," September 3, 1964, FRUS, 1964~1968, Vol XXIX, Part I Korea, (https://history.state.gov/historicaldocuments/frus1964-68v29p1/d21).

록 좋다는 입장이었다. 이러한 맥락에서 브라운 대사는 박정희 대통령에게 5
월로 예정된 미국 방문 이전에 한일협정의 진전을 기대한다고 밝혔다.[204]

한편 주한미대사관 뿐 아니라 국무부와 주일미대사관은 한일협정을 성사시
키기 위해 한국군 베트남 파병에 신중한 입장을 취했다. 존슨 행정부도 한일협
정으로 불안정한 한국 상황을 고려할 때, 베트남 파병까지 요구할 경우 한일협
정에 부정적 영향을 미칠 수 있다고 우려했다.

바. SOFA 협상의 연계 이슈 : 베트남 파병

1960년대 박정희 정부는 중국의 핵실험, 베트남 전쟁의 확대, 북한의 중국
및 소련과의 동맹 강화 등 불확실한 안보환경에 놓여있었다. 반면 미국의 군사
원조는 계속 감소하여 1964년에는 전년 대비 약 5000만 달러가 축소된 1억
2400만 달러였는데 이는 1956년 이후 가장 적은 규모였다.[205] 동시에 미국은
주한미군 및 한국군 감축도 검토하고 있었다.[206] 이처럼 박정희 정부는 한미
간 현안에 대응하는 과정에서 베트남 파병을 추진했으며 한일협정, SOFA 협
상 등과 연계할 수 있었다.[207]

---

204 "Outgoing Telegram from Rusk, Department of State to Amembassy, Seoul,"September 3,
     1964,『한미 행정협정 문서 Ⅱ(1962~1966)』, 국사편찬위원회, 2009, p. 77(자료 96).

205 이원덕, 1996, p. 249.

206 존슨 행정부는 베트남 전쟁에 투입하기 위해 주한미군 제7사단을 감축했으며, 추가로 제2
     사단의 감축도 검토했다.

207 2000명의 비둘기부대(비전투부대)를 시작으로 1개 사단 규모의 전투부대(맹호부대와 해병
     대 청룡부대), 1966년 1개 사단(백마부대) 추가 파병으로 이어졌다. 이는 미국을 제외하고
     베트남에 파병한 국가 중 가장 큰 규모였다; Letter From Secretary of State Rusk to Secretary
     of Defense McNamara," March 2, 1961. FRUS 1961~1963 Vol XXII. Northeast Asia (https://
     history.state.gov/historicaldocuments/frus1961-63v22/d201) 정일권 국무총리의 국회 답변

1964년 1월 29일 한국을 방문한 러스크 국무장관은 박정희 대통령과의 회담에서 한국군 규모, 한일협정,[208] 경제안정화와 경제개발, SOFA 협상 등 네가지를 문제를 논의했는데 그 중 한국군 규모와 SOFA 협상에 대해 박정희와 러스크 사이에 이견이 있었다.[209] 한국군 감축을 원했던 러스크 장관과 달리 박정희 대통령은 한국군을 감축하면 정치적 불안정이 가중될 것을 우려해 반대했다. SOFA 협상에 관해서는 처음부터 민정이양 이후 협상을 주장했던 미국 입장에서 서두를 이유가 없었지만 박정희 대통령은 빠른 진전을 원했다. 결과적으로 러스크 장관과의 회담에서는 군사안보와 정권안정의 중요한 문제였던 한국군 감축에 초점을 두었다. 박정희 대통령은 약속대로 민정이양을 달성했으므로 SOFA 협상 여건을 조성했다고 판단했지만,[210] 한국군 감축 문제는 미국과 풀어야 할 문제였기 때문에 SOFA 문제로 불필요한 갈등을 야기하지 않았다.

실제로 박정희 정부는 러스크 장관의 방한 이후 SOFA 협상에 적극적으로 나섰고, 주한미대사관도 이를 의식하여 미국이 협상 속도를 올릴 것과 한미 간 감정 대립을 완화하기 위해 SOFA 체결에 진지하게 대처하도록 권고했다.[211] 브라

과 같이 한국 내에는 베트남 파병으로 도움을 받은 미국이 한일협정 혹은 이후 한일관계에서 한국을 지원해야 한다는 의견이 있었다.

208 주일미대사관은 러스크 국무장관의 한국 방문 이전에 국무부로 전문을 보내, 일본 선거가 치러지기 이전이 한일협정 성사의 적기라며 미국의 적극적인 개입을 요청했다.

209 "Airgram From the Embassy in Korea to the Department of State," February 5, 1964, FRUS 1964~1968, Vol XXIX. Part I, Korea, (https://history.state.gov/historicaldocuments/frus1964-68v29p1/d3).

210 1964년 2월 14일 SOFA 협상에서는 형사재판권 행사에 대한 초안이 교환되었다.

211 "Airgram From the Embassy in Korea to the Department of State," February 5, 1964, FRUS 1964~1968, Vol XXIX. Part I, Korea, (https://history.state.gov/historicaldocuments / frus1964-68v29p1/d3).

운 대사도 미군이 사용하는 시설과 구역에 대한 보상에 대해 한국 정부가 큰 기대를 걸고 있다면서 존슨 행정부가 호의적인 보상을 고려해야 한다고 밝혔다.

한편 존슨 행정부는 베트남 전쟁의 어려움을 만회하고자 우방국들의 참여를 검토했다. 1964년 중반까지만 해도 한일협정에 끼칠 부정적인 영향을 우려했던 존슨 행정부는 박정희 정부가 제안한 한국군 베트남 파병에 대해 소극적이었다. 그러나 한국의 비전투원 파병, 남베트남 정부와의 직접 교류가 확대되면서 1964년 후반부터 미국도 전투부대 파병을 긍정적으로 인식하기 시작했다.[212]

5월 러스크 장관은 베트남 상황과 관련하여 해외공관에 전문을 보내, 우방국들의 실질적이고 물질적인 공헌을 요구했고, 버거 주한미대사도 'More Flag Program'(자유세계원조계획)을 정일권 총리(외무장관 겸)에게 설명하고 지원을 요청했다. 이처럼 존슨 행정부는 한국의 베트남 파병으로 베트남 전쟁 확산과 동아시아의 도미노 현상에 대처하고자 했다.[213]

---

212 박태균, "한국군의 베트남 참전,"『역사비평』, 가을호 2007, p. 295.; 박태균,『우방과 제국 : 한미관계의 두 신화』, (파주 : 창비), 2006a, p. 155.
213 전재성, "한미관계의 역사적 고찰 : 1965년 한일관계정상화와 베트남 파병을 둘러싼 미국의 대한외교정책,"『한국정치외교사논총』, 26집 1호, 2005, p. 84.

한국군 베트남 파병 현황

구 분	시 기	내 용
1차 파병	1964. 9. 11.	이동외과병원, 태권도교관단
2차 파병(건설지원단)	1965. 3. 10.	공병대대, 수송중대
3차 파병(1차 전투부대)	1965. 10. 3 1965. 10. 16	수도사단(맹호부대) 해병 2연대(청룡부대)
4차 파병(2차 전투부대)	1966. 9. 25 1966. 9. 30	수도사단 제9사단
	1967. 8.	해병 증원, 보병대대 증원

출처 : 박태균, 2006a, p. 288.

장우주 국방부 기획국장과 강기천 합참 전략정보국장을 베트남 사이공으로 보내 칸 수상과 회담하면서 베트남의 요청이 있으면 언제든 전투부대 파병을 고려할 수 있다고 밝혔다.[214] 9월에는 약속했던 이동외과병원과 태권도 교관단을 포함한 140명을 베트남으로 파견했다. 이처럼 1964년 중반 한일협정 반대로 국내적 어려움을 겪던 박정희 정부는 베트남 파병을 통해 대미외교의 우호적인 상황을 조성했다. 실제로 CIA도 한국의 베트남 파병을 경제적 이익 외에도 대미관계에서 이전보다 대등한 입장을 확보하고, 한국의 국제적 지위 향상에 기여할 것으로 분석했다.[215]

한국 SOFA 협상단 증언에 따르면 SOFA 협상에서 느긋한 입장을 취해왔던 미국의 태도도 1964년 후반부터 눈에 띄게 변했다.[216] 9월에는 미국이 고수했던 형사재판권에 대한 한국의 자동포기(automatic advanced waiver)에 대해 입장 변화가 있었다. 그동안 미국은 한국이 모든 형사재판권을 자동포기하도록 요구했으며 이는 미일 SOFA에서 규정된 일본의 주권포기 조항보다도 광범위했다. 더욱이 미국은 다른 국가와 SOFA 협상에서 이러한 조항을 요구한 적이 없었기 때문에 한국에게는 불평등한 요구였다. 그런데 브라운 대사는 한국의 형사재판권 자동포기 조건에서 "한국 정부가 특수한 이익을 갖는 사건을 제외"하자는 SOFA 수정안을 국무부에 건의했다.[217] 국무부도 내부 논의를 거쳐 주

214 "한국의 대월남군사원조" G-0002, 0001-0364, 1964, 외교부 외교사료관.

215 "South Korea Moves Ahead Under Park Chong-Hui," 24 June, 1966, Current Intelligence Weekly Secial Report, CIA-RDP79-00927A005300080002-6. (https://www.cia.gov/library/ readingroom /docs/CIA-RDP79-00927A005300080002-6.pdf).

216 김기조(당시 SOFA 한국측 협상단, 외무부 3등서기관) 증언, 엄정식, 2009, p. 144 재인용.

217 "Memorandum From the Joint Chiefs of Staff to Secretary of Defense McNamara,"

한미대사관의 건의를 수용했다.[218]

한편 국무부 내에서는 한국군 베트남 파병을 검토하는 과정에서 SOFA 협상 문제를 논의했다. 번디(William Bundy) 국무부 극동문제 차관보는 한국과의 SOFA 협상이 필리핀과 비교해서 동등하지 않다는 문제로 한국민의 반미감정을 부추길 수 있다고 우려했다.[219] 특히 박정희 정부는 미국이 대만, 필리핀과 진행 중인 SOFA 협상을 파악하고 있었으며, 한국도 다른 국가와 동등한 대우를 받기 원했다. 따라서 존슨 행정부는 한국과는 독일 SOFA 형식(파견국의 요구로 체류국의 1차 형사재판권을 제한)[220]으로 합의하고, 필리핀과는 네덜란드 SOFA

September 21, 1964. FRUS, 1964~1968, Vol XXIX, Part I Korea. (https://history.state.gov/historicaldocuments/ frus1964-68v29p1/d22).

218 "Letter From the Ambassador to Korea (Brown) to the Assistant Secreatary of State for Far Eastern Affairs (Bundy)," September 3, 1964, FRUS, 1964~1968, Vol XXIX, Part I Korea, (https://history.state.gov/historicaldocuments/frus1964-68v29p1/d21).

219 "EF-Marshall Green to EA-Mr. Feary," February 5, 1965, SOFA Records Relating to Korea, 1952~1966, Box 2, NARA.

220 독일 SOFA 형식이란 독일연방공화국에 주둔하는 외국군대의 지위에 관한 북대서양조약 당사국간 협정을 보충하는 협정, 즉 본(Bonn)협정에서 채택한 형식을 의미한다. 1959년 8월 3일 독일 본(Bonn)에서 체결되었으며 NATO 각국의 비준을 얻어 1963년 7월 1일 NATO SOFA와 동시에 발효되었다. 본(Bonn) 협정은 형사재판권에 대해 NATO SOFA보다 구체적인 세부사항을 규정하고 있다. 예를 들면 제9조에서 재판권이 경합할 경우를 명시했다. "독일은 NATO 군대의 지위에 관한 협정에 따라 파견국의 요구로 인해 재판권이 경합할 경우, 독일에 부여된 1차적 권리를 …(중략) 파견국의 이익을 위해 포기한다"고 규정했다. 즉 '자동포기' 조항이었다. 이 조항은 당시 독일이 처한 '특수한 사정'을 반영했다. '특수한 사정'이란 독일에서 외국군의 주둔은 NATO군으로서 주둔함과 동시에 실질적으로는 점령의 연장이라는 점이다. 그러나 한편으로 본(Bonn) 협정은 독일에 대해 철회권(right of recall)을 부여했다. 독일이 특수한 사건에 대해 특수한 사정으로 인해 독일 사법제도의 운영상의 중요성에 비추어 재판권을 행사해야 한다고 판단할 경우 통고를 받은 뒤 21일 이내에 또는 그 이전에 성명서의 형식으로 포기를 철회할 수 있도록 했다. '철회권'은 형식상 독일의 형사재판권을 존중하는 의미가 있지만 실제로 독일이 '철회권'을 행사하는 일은 드물었다. 이 철회권은 한미 SOFA에는 포함되지 않았다.

형식(체류국의 1차 형사재판권 인정)으로 합의할 경우 한국 측이 더 많은 형사재판권을 행사하지 않을까 우려했다. SOFA 체결에 대한 한국 내 압력이 높아지고, 외무장관의 인내심도 다 되었다는 판단에서 주한미대사관은 필리핀 뿐아니라 한국과 SOFA 협상에 속도를 내야 하며, 한국과 SOFA 협상에서는 네덜란드 형식을 제안하길 희망했다.

박정희 정부도 독일 형식보다 네덜란드 형식을 선호했다. 당시 미국이 진행 중인 대만과 SOFA 협상은 독일 형식에 근접했고, 필리핀과 SOFA 협상은 네덜란드 형식에 근접했다. 그 이유는 미국의 동아시아 정책에서 대만을 필리핀과 달리 냉전의 전방(forward area)으로 규정했기 때문이었다. 이런 점에서 한국은 대만과 유사한 상황이었지만, 한국 협상단은 필리핀이나 일본 SOFA를 참고하고 있었다. 또한 형사재판권 문제가 해결되기 전에 다른 이슈에서 양보하지 않겠다는 의사를 유지하고 있었다.[221]

이처럼 형사재판권 문제로 협상에 진전이 없자, 주한미대사관은 미국이 1차 형사재판권을 포기하되 한국이 포기 방식을 양보하는 일괄 타협안을 국무부에 제안했다.[222] SOFA 협상이 계속 교착상태에 빠져있으면 한일관계, 대외

---

221 1965년 2월 12일 SOFA 협상에서 장상문 협상대표가 밝힌 '한국 당국이 형사재판권을 행사하게 될 범죄 리스트'는 한국이 해당 리스트에서 모두 형사재판권을 행사할 가능성을 보여준다. 이런 점에서 주한미대사관은 한국이 독일 SOFA 형식보다 네덜란드 SOFA 형식에서 형사재판권을 자제할 것으로 예상했다. "Incoming Telegram from Seoul to the Secretary of State," February 19 1965, Selected Documents Relating to the SOFA from RG59, Central Foreign Files, 1964~66 Political & Defense, Box No. 1652, 『한미 행정협정 문서 II(1962~1966)』, 국사편찬위원회, 2009, p. 54(자료 85).

222 "Memorandum from R. A. Fearey, EA to Mr. Green FE : Embassy Seoul's Recommendations on the Crimial Jurisdiction Aritcle," 『한미 행정협정 문서 II(1962~1966)』, 국사편찬위원회, 2009, p. 63(자료 89).

군사원조, 한국군 베트남 파병 등 대한정책 전반에 나쁜 영향을 끼칠 수 있기 때문이었다.[223]

존슨 행정부는 국무부, 국방부 등 관계관들이 모여 이 문제를 검토했다. 검토 결과 한국, 필리핀, 대만과 SOFA 협상에서 표준 형식을 적용하고 우방국들을 차별하지 않는 것이 최상의 방안이라는데 동의했다. 그러나 의회와 국방부에서 미군을 최대한 보호하려는 입장을 강하게 유지하고 있고 우방국 들의 사법체계와 형사처벌 기준이 다르기 때문에 국가마다 다른 형사재판권을 적용할 수 밖에 없다고 결론지었다. 다만, 국방부 내 의견에는 차이가 있었다. 밴스 (Cyrus R. Vance) 국방부 부장관과 맥노튼(John McNaughton) 국제안보담당 차관보는 러스크 국무장관이 제안한 독일 SOFA 형식이 미군을 보호하는데 적절하다는 의견이었다. 그러나 합참과 군부는 강하게 반대하면서 한국이 행사하는 형사재판권 사건을 강간, 살인, 강도 등으로 엄격하게 제한할 것을 주장했다.[224]

국무부는 한국, 대만은 독일 형식으로 협상하는 것이 합리적이라고 판단했다. 한국과 대만의 SOFA 합의를 빨리 도출할 경우 필리핀과의 SOFA 협상에도 도움이 될 것으로 봤다.[225] 그리고 한국을 필리핀과 다르게 대우(네덜란드 형

223 "Incoming Telegram from Amembassy Seoul to RUEHCR/Secstate, WASHDC : SOFA Negotiations," March 3 1965, Selected Documents Relating to the SOFA from RG59, Central Foreign Files, 1964~66 Political & Defense, Box No. 1652, 『한미 행정협정 문서 II(1962~1966)』, 국사편찬위원회, 2009, p. 59(자료 87).

224 번디 국무부 극동담당 차관보, 라이트(Jerauld Wright) 주대만대사, 브라운 주한대사, 블레어 (William Mc. Blair) 주필리핀대사, 국방부 대외군사권리 담당(라문도 대령), 태평양사 정치고문 등이 참석.

225 "Memorandum of Conversation : SOFA Negotiations in the Philippines, China and Korea"

식)하는 이유에 대해 필리핀의 사법체계가 한국과 다르다는 점을 설명하도록 조언했다. 특히 한국과 네덜란드 형식을 협상할 경우, 한국 정부가 사법체계를 개선하지 않을 수 있으니 유념토록 했다.

비슷한 시기 필리핀 바기오에서는 번디 국무부 극동담당 차관보, 브라운 주한미대사, 블레어 주필리핀미대사 등이 참석한 가운데 우방국 SOFA 체결에 대한 공동방안을 논의했다. 이 회의에서 필리핀에는 미국이 형사재판권을 자동 포기하는 네덜란드 형식을 적용하기로 했다. 반면 대만과 한국에는 미국이 형사재판권을 자동 포기하더라도 특정 사례에서는 철회할 수 있도록 명시한 독일 형식을 적용하기로 했다. 이러한 존슨 행정부 내의 잠정적인 합의는 대외비로 취급되었고, 4월 19일 국무부-국방부 합동문서에서 "특별한 경우의 특별한 상황에서" 형사재판권 행사라는 문구로 표현되었다.[226]

러스크 국무장관과 맥나마라 국방장관 간의 SOFA 체결 협의도 있었다. 러스크 장관은 대만과 한국이 사전에 형사재판권을 포기하고 특정 범죄에서 발생한 중요한 사건만 포기를 철회할 수 있도록 요구했으며, 형사재판권을 행사하는 경우에도 다양한 신변 보호장치를 요구했다고 설명했다.[227] 그리고 한국과 대만은 전진배치 지역이므로 동일한 독일 형식을 적용했으나, 대만도 큰 거부감을 가지고 소극적으로 임하는 상황이고, 한국도 주권국가로서 합리적 대

March 10 1965, Selected Documents Relating to the SOFA from RG59, Central Foreign Files, 1964~66 Political & Defense, Box No. 1652, 『한미 행정협정 문서 II (1962~1966)』, 국사편찬위원회, 2009, p. 64(자료 90).

226 『한미 행정협정 문서 I (1954~1961)』, 국사편찬위원회, 2008, p. 30.

227 신변보호 조치에는 공정한 재판 보장의 방대한 목록 작성, 모든 재판 과정에 숙련된 참관인 배석, 모든 재판 과정에서 미군 신병에 대한 미측 관할권 인정 등이 포함된다.

우가 아니라며 거부했다고 언급했다. 따라서 러스크 국무장관은 SOFA 체결이 지연되고 있고, 한국과 대만의 부정적인 반응을 고려할 때 미국의 입장을 재검토할 필요가 있다고 밝혔다. 덧붙여 필리핀과의 SOFA 협상에서 체류국에 유리한 네덜란드 형식을 제안했지만, 한국이나 대만과 비교해서 이 정도 차이는 관리할 수 있지만 더 이상의 차이는 협상을 어렵게 만들 것으로 예상했다. 이미 한국과 대만이 미국과 필리핀의 SOFA 협상을 잘 파악하고 있기 때문에 필리핀 SOFA 협상보다 한국이나 대만 SOFA 협상이 지연되는 것은 문제를 복잡하게 만들 수 있었다.[228] 이처럼 국무부는 형사재판권 문제를 빨리 매듭짓기 위해 국방부의 입장 변화를 기대했고, 다른 한편으로는 독일 형식으로 한국을 설득했다. 특히 1965년 3월 미국이 베트남 전쟁에 직접 개입하여 대규모 지상군을 파병하기로 결정하면서 한국군 파병이 필요한 상황임을 국방부가 전향적으로 검토하도록 촉구했다.

이처럼 존슨 행정부는 우호적인 한미관계를 유지하고 한국군 전투부대 파병이 필요한 상황에서 SOFA 협상이 부정적인 영향을 끼치길 원하지 않았다. 4월 말 롯지(Herny Lodge) 주베트남미대사가 한국을 방문하여 베트남 정세를 설명하고 4천명 규모의 전투부대 파병을 논의할 예정이었다.[229] 따라서 SOFA

---

228 "Letter From Secretary of State Rusk to Secretary of Defense McNamara," March 22, 1965, FRUS, 1964~1968, Vol XXIX, Part I Korea, (https://history.state.gov/historicaldocuments/frus1964-68v29p1/d36);『한미 행정협정 문서 Ⅱ(1962~1966)』, 국사편찬위원회, 2009, p. 70 (자료 93-1).

229 "Memorandum From the Assistant Secretary of Defense for International Security Affairs (McNaughton) to the Deputy Secretary of Defense (Vance)," April 13, 1965, FRUS, 1964~1968, Vol XXIX, Part I Korea, (https://history.state.gov/historicaldocuments/frus1964-68v29p1/d38).

협상에 대한 국방부의 입장 변화는 한국군 베트남 파병에 도움이 될 수 있었다. 또한 한국과의 SOFA 체결은 미국의 동아시아 정책 목표 중 하나인 한일협정에도 중요했다. 당시 박정희 정부는 국내정치적 반대를 무릅쓰고 5월 초 한일협정에 서명할 계획이었다. 따라서 박정희 대통령에게 SOFA 체결은 중요한 정치적 성과이자 한일협정 노력에 도움이 될 수 있었다. 실제로 5월 미국 방문을 앞둔 박정희 대통령도 SOFA 체결에 커다란 중요성을 부여하고 있는 상황에서 형사재판권에 합의한다면 다른 이슈의 협상 뿐 아니라 대만과의 SOFA 협상에도 긍정적인 영향을 끼칠 수 있었다. 5월 중순까지 합의하려는 필리핀과의 SOFA 협상을 고려할 때 한국과 대만의 SOFA 협상을 먼저 완료하지 못하면 국가 간 비교라는 문제로 복잡해질 수 있었다.[230]

사. 박정희 대통령의 미국 방문과 SOFA 쟁점의 타협

이런 상황에서 박정희 정부는 1965년 5월 대통령의 미국 방문을 통해 한미 간 현안을 해결하고자 노력했다. 그 중 하나가 SOFA 체결이었다. 이후락 비서실장은 박정희 대통령의 방미 의제에 SOFA 체결을 포함시켰다.[231] 대통령 방미 준비를 위해 3월 미국을 방문한 이동원 외무장관도 존슨 대통령, 러스

---

230 "Letter from W. P. Bundy to J. T. McNaughton Assistant Secretary of Defense, International Security Affairs, Department of Defense," April 10 1965, Selected Documents Relating to the SOFA from RG59, Bureau of Far Eastern Affairs, Office of the Country Director for Korea, Records Relating to Korea 1952~66, Lot 66D503, Box No. 1, 『한미 행정협정 문서 Ⅱ (1962~1966)』, 국사편찬위원회, 2009, p. 75(자료 95).

231 3월 이후락 대통령 비서실장이 미국에 전달한 박정희 대통령의 방미 의제목록에는 SOFA 체결 이외에도 주한미군 유지, 군사원조 증액, 한국군 현대화 지원, 군사원조 이관계획 중지, 경제개발 5개년 계획 지원, 한미 교역증진도 포함되었다.

크 국무장관 등과 한일협정, 한국군 베트남 파병 등과 함께 SOFA 체결을 협의했다.[232] 양국의 공동성명에서도 빠른 SOFA 체결을 위해노력하기로 했으며, 한국 언론에서는 이동원 장관의 방미 성과로 SOFA 체결에 대한 긍정적인 전망을 들었다.[233] 한편 국무부는 5월 박정희 대통령의 미국 방문 때까지 SOFA 체결에 대한 한국의 압박이 높아질 것으로 전망하면서 만약 SOFA 체결이 성사되지 못할 경우 야당 세력의 반정부 시위 명분이 될지 모른다고 평가했다.[234]

제73차 SOFA 협상(4월 19일)에서 미국 협상단은 한국 협상단에 독일 형식의 근거한 형사재판권을 언급하면서 박정희 대통령의 방미 전 협상을 마무리하려는 양보라고 밝혔다. 이 제안은 미국의 최종 입장이며 더 이상의 수정은 불가능하다고 덧붙였다.[235] 형사재판권 외에도 한미 SOFA 협상에서 합의되지

---

232 『한미 행정협정 문서 I (1954~1961)』, 국사편찬위원회, 2008, p. 31.

233 "이동원 외무부장관 미국 방문, 1965. 3. 11~17." C-0012, 0001-0306, 1965, 외교부 외교사료관; 이동원 외무장관은 미국 방문으로 국가적 위신과 한국 정부에 대한 지지를 확인했으며 긍정적인 분위기에서 다음 방문지인 일본을 향했다. "Incoming Telegram from Doherty, Seoul to the Secretary of State," March 19 1965, Selected Documents Relating to the SOFA from RG59, Central Foreign Files, 1964~66 Political & Defense, Box No. 1652, 『한미 행정협정 문서 II (1962~1966)』, 국사편찬위원회, 2009, p. 68(자료 92).

234 "Incoming Telegram from Amembassy Seoul to RUEHCR/Secstate, WASHDC : SOFA Negotiations," March 18 1965, Selected Documents Relating to the SOFA from RG59, Central Foreign Files, 1964~66 Political & Defense, Box No. 1652, 『한미 행정협정 문서 II (1962~1966)』, 국사편찬위원회, 2009, p. 66(자료 91).

235 독일 SOFA 형식의 형사재판권 조항에 대한 미국의 공식 제안은 제74차 SOFA 협상(4월 23일)임. "Incoming Telegram from Amembassy Seoul to RUEHCR/Secstate, WASHDC : SOFA Negotiations," April 20 1965, Selected Documents Relating to the SOFA from RG59, Central Foreign Files, 1964~66 Political & Defense, Box No. 1652, 『한미 행정협정 문서 II (1962~1966)』, 국사편찬위원회, 2009, p. 79(자료 97).

못한 의제는 노동 조항이었다. 노동 조항은 미군기지에서 일하는 한국인 노동자의 열악한 노동환경과 이들에 대한 심각한 인권침해가 문제였다. 특히 한국인 노동자의 파업권을 인정하지 않는 미국의 입장에 대해 박정희 정부는 존슨 행정부의 예상보다 강하게 반대했다. 방미 직전 주한미대사관은 한국인 노동자들이 70일 간 조정기간을 거쳐 파업을 할 수 있도록 허용하되, 특정 범주의 노동자 파업은 인정하지 않고 긴급사태에만 제한하는 방안을 국무부에 제안했다.[236]

이러한 노력으로 SOFA 협상은 형사재판권과 노동 조항을 제외하고 대부분 합의에 근접했으며 형사재판권과 노동 조항도 비공식 협상에서 타협점을 모색했다. 마찬가지로 1965년 5월 17일 시작된 박정희 대통령의 미국 방문도 매우 우호적인 분위기에서 진행되었다. 박정희 대통령은 존슨 행정부가 요청한 베트남 1개 전투사단 파병에 합의했으며, 한일협정을 통한 경제발전 추구에도 의견을 같이 했다.

이와 함께 박정희 대통령은 존슨 대통령과의 단독회담에서 SOFA 협상의 장기화에 따른 국민과 야당의 불만을 전달하고 빠른 타결을 촉구했다.[237] 5월 18일 러스크 국무장관은 박정희 대통령에게 한국이 형사재판권에 대한 미국의 제안을 수용하면 미국은 노동 조항을 수용하겠다는 제안했다. 박정희 대통령과 러스크 국무장관 회담을 위한 비망록에 따르면 만약 한국이 형사재판권

---

236 "Telegram From the Embassy in Korea to the Department of State," May 14, 1965, FRUS, 1964~1968, Vol XXIX, Part I Korea (https://history.state.gov/historicaldocuments/frus1964-68v29p1/d45).

237 "박정희 대통령 미국 방문 1965.5.16.~26, 전2권(기본문서집)" C-0011, 0001-0538, 1965, 외교부 외교사료관.

과 관련된 독일 형식을 수용한다면 미국은 노동 조항에 명시적 파업금지 요구를 포기하고 대신 합동위원회가 주한미군 내 한국인 노동자에 대한 특정 범주의 파업권을 금지하는 방안을 수용하겠다고 밝혔다.[238] 러스크 장관은 "19세기적인 치외법권을 요구하고 있는 것은 아니라며" 독일 형식을 적용하자고 설득했다. 미국의 제안은 한미 SOFA 협정 본문에서는 네델란드 형식을 따르지만 별도 서한을 통해 본문의 내용을 제한함으로써 한국이 특별히 중요하게 여기는 사건을 제외하고 미국이 형사재판권을 행사하는 것이었다. 박정희 대통령은 미국의 제안에 동의하는 대신 미국은 노동 조항에서 한국의 요구(70일의 조정기간을 인정하고 몇 가지 범주를 제외한 파업권을 인정)를 수용하기로 했다.[239] 존슨 행정부는 미국의 제안이 한국에도 이익이 될 것으로 분석하면서 노동 조항에 대해 한국이 더 강하게 압박하진 못할 것으로 봤다.[240] 또한 SOFA 합의가 한일협정 합의를 위한 박정희 정부의 국내정치적 입장을 강화해줄 것으로 분석했다.[241]

결과적으로 박정희 대통령의 방미는 한국군 베트남 추가 파병, 한일협정 지원, SOFA 쟁점 합의 등 3대 현안에서 성과를 거둔 것으로 평가된다.[242] 박정

---

238 "Memorandum of Conversation," May 17, 1965, FRUS, 1964~1968, Vol XXIX, Part I Korea, (https://history.state.gov/historicaldocuments/frus1964-68v29p1/d48).

239 "Summary of conversation between President Johnson and President Chung Hee Park of South Korea," Miscellaneous. Department of State, SECRET. May 17, 1965: "Memorandum of Conversation," May 18, 1965, US Declassified Documents Online.

240 "From Seoul To SECState Telegram Action 1191," May 14, 1965, US Declassified Documents Online.

241 "1965. 5. 17-19 Visit of President Park Washington, Background Paper, Korean Status of Forces Negotiations," KOR/B-2 Confidential May 5, 1965, US Declassified Documents Online.

희 정부가 방미를 통해 한일협정에서 일본에 대한 협상력을 높이고, 한국군 베트남 파병을 통해 한국군과 주한미군 감축에 대한 미국의 공약을 확인하려는 의도라고 분석했다. 또한 방미를 SOFA 합의의 발표 기회로 활용하여 박정희 정부의 국내입지를 강화할 의도로 평가했다.[243] 박정희 정부도 한일협정 체결이 미국의 안보공약에 부정적인 영향을 주지 않는다는 약속을 재확인했으며 SOFA 문제로 미국과 갈등을 원하지 않았다고 볼 수 있다.[244] 결국 박정희 대통령은 미국의 대한공약 재확인, SOFA 문제에 대한 원칙적인 합의 등을 존슨 대통령과의 공동성명에서 발표했다. 그리고 방미 이후 후속조치를 빠르게 실천하도록 지시했다.[245] 5월 23일 박정희 대통령은 패트릭 美공군기지 기자회견에서 한미 SOFA 협정에 원칙적으로 합의했고, 향후 2~3주 안에 독일 SOFA와 유사한 협정이 체결될 것으로 기대한다고 밝혔다.

아. 베트남 추가 파병 이후 SOFA 협상

박정희 대통령의 방미 이후 베트남 전투부대 파병은 순조롭게 진행되었지만 한일협정과 SOFA 체결은 부정적인 국내여론 속에서 어려움을 겪었다.[246]

---

242 "1965. 5. 17-19 Visit of President Park Washington, Background Paper, Korean Status of Forces Negotiations," KOR/B-2 Confidential May 5, 1965, US Declassified Documents Online.

243 "William P. Bundy to the Secretary," April 26, 1965, Scope Paper for the State Visit of President Park of Korea, Records Relating to Korea, 1952~1966, Box 4, NARA.

244 박태균, "베트남 파병을 둘러싼 한미 협상 과정," 『역사비평』 봄호, 역사비평사, 2006b, p. 148

245 "박정희 대통령 미국 방문 1965.5.16.~26, 전2권(기본문서집)" C-0011, 0001-0538, 1965, 외교부 외교사료관.

246 "한·미국간의 군대지위협정(SOFA) 국내입법조치," J-0029, 0001-0571, 1964~66, 외교부

한국군 베트남 파병은 1965년 8월 13일 국회의 제3차 파병동의안이 가결된 이후, 10월 14일 제2해병여단(청룡부대), 11월 2일 수도사단(맹호부대)의 남베트남 도착으로 이어졌다. 반면 한일협정 비준은 박정희 정부의 수치스러운 외교라는 야당의 강경한 공세를 받았다. SOFA 합의도 형사재판권의 자동포기가 알려지자 미국에게 지나친 양보라는 부정적인 여론이 높았다. 7월 8일 대한변호사협회는 SOFA 체결에 앞서 그 내용을 공개하고 국민여론을 고려해야 하며 동시에 1차적으로 형사재판권을 한국이 포기해서는 안 된다는 성명을 발표했다.[247]

이러한 상황에서 박정희 정부는 한일협정 비준 전까지 SOFA 체결을 지연하기로 결정했다.[248] 합의한 일정대로라면 1965년 7월 6일 제82차 SOFA 협상에서 합의문을[249] 수정한 후 7월 9일에는 서울에서 SOFA 체결식을 가질 계획이었다. 그러나 존슨 행정부도 한국 내 부정적인 여론 속에서 SOFA 체결을 강행할 경우 문제가 확대될까 우려했다.[250] 이에 따라 주한미대사관은 한일협

외교사료관.

247 『동아일보』, 1965년 7월 8일.

248 "Incoming Telegram from Amembassy Seoul to RUEHCR/Secstate, WASHDC : SOFA Negotiations," July 14 1965, Selected Documents Relating to the SOFA from RG59, Central Foreign Files, 1964~66 Political & Defense, Box No. 1652, 『한미 행정협정 문서 II (1962~1966)』, 국사편찬위원회, 2009, p. 86(자료 101).

249 "Incoming Telegram from Amembassy Seoul to RUEHCR/Secstate, WASHDC : SOFA Negotiations," July 14 1965, Selected Documents Relating to the SOFA from RG59, Central Foreign Files, 1964~66 Political & Defense, Box No. 1652, 『한미 행정협정 문서 II (1962~1966)』, 국사편찬위원회, 2009, p. 86(자료 101).

250 "Letter from William P. Bundy FE to the Secretary : Request for Authority Under Circular 175 to Conclude a Status of Forces Agreement with the Republic of Korea-Action Memorandum" July 7 1965, Selected Documents Relating to the SOFA from RG59, Bureau

정 문제가 해소될 때까지 SOFA 문제를 국회에 제출하지 않기로 한 박정희 정부의 판단에 동의했다.[251]

결과적으로 한일협정은 한국 내 반대여론에도 불구하고 8월 14일 국회 비준을 마쳤다.[252] 다만 한일협정 이후에도 SOFA 체결은 계속 지연되었다. 박정희 정부가 SOFA 세부 쟁점에서 유리한 조건을 주장했기 때문이었다. 6월 브라운 대사와 이동원 장관의 회담에서 미국은 1차 형사재판권의 완전한 자동포기를 고수했지만, 한국은 양국이 경합할 경우 한국의 형사재판권 행사, 계엄령 선포시 한국의 전속적 형사재판권 행사를 주장했다.[253] 노동 조항에서도 미국과 합의한 70일의 조정기간을 언제부터 산정할 것인가 문제로 협상을 진행했다. 한국은 한국 노동청에 회부된 때부터 70일을 주장한 반면, 미국은 한국 노동청에서 한미합동위원회에 회부된 때부터 70일을 주장했다. 마지막으로 민

---

of Far Eastern Affairs, Office of the Country Director for Korea, Records Relating to Korea 1952~66, Lot 66D503, Box No. 1, 『한미 행정협정 문서 II (1962~1966)』, 국사편찬위원회, 2009, p. 82(자료 99).

251 "Incoming Telegram from Amembassy Seoul to RUEHCR/Secstate, WASHDC : SOFA Negotiations," July 22 1965, Selected Documents Relating to the SOFA from RG59, Central Foreign Files, 1964~66 Political & Defense, Box No. 1652, 『한미 행정협정 문서 II (1962~1966)』, 국사편찬위원회, 2009, p. 87(자료 102).

252 도쿄에서 조인된 한일협정은 8월 14일 야당 의원들이 전부 불참한 가운데 국회에서 비준되었고 12월 18일 비준 문서와 부가 합의서가 서울에서 교환되면서 한일관계가 정상화되었다.

253 이 과정에서 한국은 다른 우방국 SOFA 사례에서 미국의 형사재판권 포기 요청이 어느 정도인지 통계 수치를 요청했지만, 미국은 한국과 유사한 상황에 있거나 포기 요청이 많지 않았던 독일, 일본, 필리핀 자료만 제공하고, 한국에게 유리한 자료는 제공하지 않았다. "Outgoing Telegram the Department of State to Amembassy, Seoul : SOFA," October 5 1965, Selected Documents Relating to the SOFA from RG59, Central Foreign Files, 1964~66 Political & Defense, Box No. 1652, 『한미 행정협정 문서 II (1962~1966)』, 국사편찬위원회, 2009, p. 89(자료 103).

사청구권 부담비율에서도 한국의 주장(한국 15%, 미국 85%)과 미국의 주장(한국 25%, 미국 75%)이 대립했다.[254]

그런데 박정희 정부는 SOFA 쟁점 해소를 서두르지 않았다. 1965년 11월 28일 한미 경제원조 협의를 위해 미국을 방문한 이동원 장관은 한일협정 이후 국내정치적 혼란으로 SOFA 체결이 늦어질 수 있음을 통보했다.(1966년 1월 정도)[255] 박정희 정부가 SOFA 체결을 서두르지 않았던 배경에는 한국군의 베트남 추가 파병 문제가 있었다. 존슨 행정부는 1965년 베트남에 직접 개입을 선언한 이후 베트남 상황이 호전되지 않자 추가병력을 검토했다.

실제로 1965년 12월 존슨 대통령은 한국의 전투부대 추가 파병을 가장 중요한 일로 규정했으며, 브라운 대사는 12월 16일 베트남 추가 파병을 한국에 공식 요청했다. 이에 대한 답변으로 12월 30일 이동원 장관은 브라운 대사에게 추가파병 문제를 검토하는데 시간이 필요하고 야당의 반대 등 국내정치적 부담을 들었다.[256] 이어서 1966년 1월 체결하려던 SOFA 협상도 베트남 추가 파병 문제와 박정희 대통령의 남아시아 순방 일정을 이유로 연기했다. 박정희

254 『동아일보』, 1965년 6월 3일.
255 대통령비서실 보고서 제383호, "이외무장관의 전문보고" 1965. 12. 3. 대통령기록관; 1965년 11월 발표된 존슨 행정부의 '국가정책문서(한국편)'도 개발과 지립이라는 기존의 입장을 강조했다. 여기서 밝힌 미국의 이익은 "첫째, 한국을 일본과 공산주의 아시아 사이의 완충지대이자 아시아 대륙에 위치한 자유세계의 전방 방어거점으로 유지하는 것, 둘째, 아시아에서 대만과 마찬가지로 한국의 사례를 통해 비공산주의 국가 건설이 소기의 성과를 거두고 있다는 것을 입증하는 것, 셋째, 미국의 군건한 동맹과 지원을 과시하는 것"이었다. 이를 국제적으로 지원하는 차원에서 한국과 일본의 신속한 관계정상화를 강조했다. 도널드 맥도널드, 2001, p. 65.
256 "Telegram From the Embassy in Korea to the Department of State, Seoul," December 30, 1965, FRUS 1964~1968, Volume XXIX, Part 1, Korea, (https://history.state.gov/historicaldocuments/frus1964-68v29p1/d67).

정부는 불평등 논란이 있던 SOFA 비준을 국회에서 베트남 추가 파병 동의안과 함께 논의할 경우 파병에 부정적일 것을 우려하면서 3월 정도 SOFA 체결을 전망했다.[257] 김대중 야당 의원은 SOFA 협상의 합의사항을 공개하라고 요구하면서 미국이 일본, NATO와 체결한 SOFA와 비교해 한미 SOFA는 불평등하다고 비판했다.[258] 이처럼 박정희 정부는 베트남 추가 파병을 통해 국내정치적 반대를 최소화하면서 대미협상력을 높이려고 했다.[259]

존슨 행정부도 SOFA 체결 지연에 대해 미국과의 추가 협상을 위한 것으로 인식했다.[260] 주한미대사관은 한국 외무부가 SOFA 체결과 한국군 베트남 파병을 연계하여 대미협상 레버리지로 활용하면서 SOFA 재협상을 시도할 위험이 있다고 분석했다. 또한 국회의 베트남 파병 동의 등으로 불안한 국내정치 상황으로 인해 SOFA 체결에 부담이 될 것이라는 언론 보도와 CIA 분석에 주목했다.[261] 박정희 정권은 한편으로는 전투병 추가 파병 의도를 미국에 전달하

257 외무부 소식통에 따르면 2월 23일부터 시작되는 국회 회기 중 SOFA 비준을 상정하지 않을 경우 대통령 선거와 총선거 준비로 SOFA 체결을 1967년 6월로 연기할 수도 있었다.

258 『동아일보』, 1966년 1월 24일.

259 한국의 베트남 파병이 한미관계에서 국가적 위신을 증대시키고 미국에 대한 의존도를 완화했다는 평가는 Hyun-Dong Kim, Korea and the Unites States : The Evolving Transpacific Alliance in the 1960s (Seoul : The Research Center for Peace and Unification, 1990), pp. 255~257; 정춘일, "한미동맹체제의 과거, 현재, 미래 : 갈등의 생성과 미래발전," 『국방논집』, 제34호, 여름, 1996, pp. 175~176; 박태균, 2006a, p. 297.

260 "Telegram from the Embassy in Korea to the Department of State," February 19, 1965, FRUS, 1964~1968, Vol XXIX, Part 1. Korea, pp. 145~146.

261 "Incoming Telegram from Amembassy Seoul to RUEHCR/Secstate, WASHDC : SOFA Negotiations," February 19 1965, Selected Documents Relating to the SOFA from RG59, Central Foreign Files, 1964~66 Political & Defense, Box No. 1652, 『한미 행정협정 문서 Ⅱ(1962~1966)』, 국사편찬위원회, 2009, p. 94(자료 106); "Pending US-Korean Status-of-Forces Agreement," April 8, 1966, CIA Intelligence Memorandum (https://www.cia.gov/

면서도 다른 한편으로는 미국과의 논의사항을 언론에 흘려 국내정치적 반대를 촉진했다.[262] 이미 미국은 박정희 정부가 SOFA 체결을 연기해 온 것에 대해 국내정치의 쟁점화와 청중비용 증가를 통해 대미협상력을 높이려는 시도로 인식하고 있었다.[263]

이처럼 박정희 정부는 베트남 추가 파병 가능성을 공개적으로 밝히면서 대미관계에 적극성을 보였다.[264] 그중 하나로 박정희 대통령에 대한 정치적 지지를 요청했다. 정일권 총리는 미국의 국무장관이나 국방장관이 1966년 초 한국을 방문해 줄 것과 호의적인 여론을 조성하기 위해 국회의원과 기자들을 미국 비용으로 베트남에 초청해 줄 것을 요청했다. 실제로 험프리 부통령은 1966년 1월 1일 한국을 방문하여 베트남 추가 파병을 비롯한 한미 현안을 논의했고[265] 한국군 1개 사단 및 1개 연대 추가 파병이 공식화되었다. 또한 존슨 행정부는 1966년 1월 10일 한국군 베트남 파병을 지원하는 '브라운 각서'를 전달했는데[266] 이후 전투부대 추가 파병을 논의하는 과정에서 박정희 정부는 대미관계의 주도권을 확신할 수 있었다.[267]

---

library/readingroom/docs/ CIA-RDP79T00826A000500010059-6.pdf).

262 정수용, "한국의 베트남 파병과 한미 동맹체제의 변화," 고려대학교 박사학위논문, 2001, pp. 198~200.

263 "Joint Weeka No. 28 from AmEmbassy Seoul to Department of State," July 16, 1965, RG59 Political & Defense, Pol 2-1 Kor S. NARA.

264 엄정식, "1960년대 한미주둔군지위협정 체결 협상과 성과,"『군사』제73권, 2009, p. 162.

265 "Humphrey, Hubert H. 미국 부통령 방한," Re-0018, 0001-0107, 1966, 외교부 외교사료관.

266 "Telegram From the Embassy in Korea to the Department of State," January 10, 1966, FRUS 1964~1968, Volume XXIX. Part 1, Korea (https://history.state.gov/historicaldocuments/ frus1964-68v29p1/d71).

267 박태균, 2006a, p. 297.

4월 1일 한국군 베트남 추가 파병 동의안이 국회를 통과했다. 주한미대사관은 양국의 다음 현안으로 SOFA 체결 및 통과를 전망하면서, 박정희 정부가 SOFA 체결을 대통령 선거 이후로 연기하거나 SOFA 재협상의 레버리지로 활용하는 방안 중 선택할 것으로 봤다. 만약 한국이 SOFA 체결 연기를 선택하면 그동안 협상에도 불구하고 성과를 거두지 못한 비판을 감수해야 하고 미국의 부정적인 이미지를 부각시켜야 한다고 예상했다. 따라서 주한미대사관은 이동원 장관이 SOFA 재협상 방안을 선호할 것이며, 재협상의 성과와 관계없이 자신을 국익의 수호자로 포장하리라 전망했다. 협상팀이 개인의 이미지를 우선한 것은 협상에 부정적인 요소로 작용할 수 있다.[268] CIA 보고서에 따르면 이동원 장관은 베트남 파병을 국회에 어필하지 못해 자신의 정부 내 입지가 약화되었다며 SOFA 협상에서 이를 만회하려고 했다.[269]

이처럼 재협상의 가능성을 높게 봤던 주한미대사관은 박정희 정부가 형사재판권 행사에 대한 합의를 비밀로 유지하는데 동의하겠다는 의사를 밝히자 한국이 수용 가능한 조건을 제시하여 SOFA 체결을 빨리 추진하자고 국무부에 제안했다. 비록 비밀 합의서와 양해사항이 언론에 유출될 가능성은 한국이 일본 등 다른 국가보다 높지만 만약 공개되더라도 해결할 수 있다고 판단했다.[270]

---

268 "Incoming Telegram from Amembassy Seoul to RUEHCR/Secstate, WASHDC : SOFA Negotiations," April 1 1966, Selected Documents Relating to the SOFA from RG59, Central Foreign Files, 1964~66 Political & Defense, Box No. 1652, 『한미 행정협정 문서 Ⅱ(1962~1966)』, 국사편찬위원회, 2009, p. 99(자료 108).

269 "CIA Intelligent Memorandum," April, 8, 1966, Pending US-SOFA, US Declassified Documents Online.

자. 박정희 정부의 SOFA 재협상 요구와 최종 합의

1966년 4월 18일 이동원 장관은 부정적인 여론을 거론하며[271] 형사재판권, 민사청구권, 노동 조항에 대한 SOFA 재협상을 공식 요청했다.[272] 구체적으로 필리핀이 미국과 맺은 SOFA에 비해 한미 SOFA가 불리하다며 열강인 일본과의 차별은 이해해도 아시아의 소국보다 차별받는다는 것은 이해할 수 없다는 문제를 제기했다. 내용면에서도 한국이 1차 형사재판권을 포괄적으로 자동포기하는 독일 형식보다 사안에 따라 포기할 수 있는 네덜란드 형식을 원했다. 당시 상황에 대해 브라운 대사는 SOFA 협상이 양국 간 합의된 내용으로 체결될 가능성이 없다고 판단하고, 네덜란드 형식을 수용하도록 美국방부를 설득했다. 브라운 대사는 이 상황을 방치할 경우 한국의 국내정치 압박이 미국에게 가해질 것이고 미국의 불평등이 알려질 것이므로, 필리핀와 마찬가지로 한국에도 네덜란드 형식을 제안하자고 요구했다.[273] 브라운 대사는 이를 통해 미

---

270 "Incoming Telegram from Amembassy Seoul to RUEHCR/Secstate, WASHDC : SOFA Negotiations," April 13 1966, Selected Documents Relating to the SOFA from RG59, Central Foreign Files, 1964~66 Political & Defense, Box No. 1652, 『한미 행정협정 문서 Ⅱ(1962~1966)』, 국사편찬위원회, 2009, p. 105(자료 110).

271 "Incoming Telegram from AmEmbassy Seoul to Rueher/SecState WASHDC," April 16, 1966 RG59, Box 1652, 1/166-6/30,66, NARA. 이동원 외무장관은 국내여론을 감안하여 협상 보완이 필요하다는 훈령을 내렸다. 『동아일보』, 1966년 4월 21일.

272 장상문 협상대표는 제17조(노동조항) 4항에서 대한민국 헌법 제29조와 상충된다는 일부 주장이 있어 이를 수정한 문구의 검토를 요청했다. "Incoming Telegram from Amembassy Seoul to RUEHCR/Secstate, WASHDC : SOFA Negotiations," January 13 1966, Selected Documents Relating to the SOFA from RG59, Central Foreign Files, 1964~66 Political & Defense, Box No. 1652, 『한미 행정협정 문서 Ⅱ(1962~1966)』, 국사편찬위원회, 2009, p. 92(자료 105).

273 "Incoming Telegram from Amembassy Seoul to RUEHCR/Secstate, WASHDC : SOFA Negotiations," April 18 1966, Selected Documents Relating to the SOFA from RG59,

국의 이미지를 향상시키고 한국 내 비판을 피할 수 있으며 베트남 파병을 지속하고 있는 박정희 정부에도 도움이 될 것이므로 미국에게 이익이 될 것으로 판단했다.[274]

그러나 美국방부는 기존 SOFA 합의사항도 맥나마라 국방장관이 군부와 합참의 반대를 무릅쓰고 국무부와 절충한 것으로 더 이상 수정할 수 없다고 반대했다. 또한 美국방부는 한국과 독일은 같은 분단국가이므로 독일 형식을 적용하는 것이 적절하다며 한국에 대한 불평등 주장에 반론을 제기했다. 한국이 민사청구권과 노동 조항도 재협상을 요구하고 있다는 점에 대해 만약 미국이 형사재판권 문제를 양보하면 다른 문제도 미국의 양보를 요구할 것이라며 재협상을 반대했다. 美국방부는 협상 연기로 곤란한 것은 미국이 아니라 한국이라는 입장이었다.[275]

한국의 재협상 요구에 대해 주한미대사관은 다음과 같이 평가했다. 첫째, 한국은 형사재판권 조항을 독일 형식보다 네덜란드 형식으로 수정하길 원한다. 장상문 협상대표는 한국이 원하는 것은 더 많은 미군의 재판이 아니라 필리핀, 일본 등 다른 나라와 동등한 대우라며 형사재판권 조항 첫 문단도

Central Foreign Files, 1964~66 Political & Defense, Box No. 1652, 『한미 행정협정 문서 Ⅱ(1962~1966)』, 국사편찬위원회, 2009, p. 107(자료 111).

274 "Incoming Telegram from Amembassy Seoul to RUEHCR/Secstate, WASHDC : SOFA Negotiations," April 1 1966, Selected Documents Relating to the SOFA from RG59, Central Foreign Files, 1964~66 Political & Defense, Box No. 1652, 『한미 행정협정 문서 Ⅱ(1962~1966)』, 국사편찬위원회, 2009, p. 102(자료 109).

275 "Letter from the Assistant Secretary of Defense for International Security Affairs (McNaughton) to the Assistant Secretary of State for Far Eastern Affairs (Bundy)," April 9, 1966 FRUS, 1964~1968, Vol XXIX, Part I Korea, (https://history.state.gov/historicaldocuments /frus1964-68v29p1/d83).

필리핀 SOFA에서 가져왔음을 밝혔다.[276] 둘째, 노동 조항은 현재 방안이 미국의 이익에 부합하기 때문에 한국의 재협상 요구를 확실하게 반대해야 하며 노동과 관련해 피고용자의 파업권을 제한하는 것은 양국의 이익에 부합한다. 셋째, 민사청구권 조항은 미국의 이익에 실질적인 영향을 주리라고 보진 않았다.[277]

이에 대해 미국은 재협상 거부와 수용을 검토했다. 만약 재협상을 거부하고 SOFA 체결을 연기하면 다가올 한국 대통령 선거에서 쟁점이 될 것이므로 좋은 선택은 아니었다. 반면 형사재판권 조항에 대해 한국이 요구하는 특정 문제만 재협상한다는 상호 양해가 있다면 재협상에 동의하는 것이 현명한 판단이었다.

브라운 대사도 SOFA 재협상을 이전 협상과 완전히 다른 상황이라고 평가했다. 브라운 대사는 국회를 통과한 베트남 추가 파병이 실행되려면 박정희 정부를 곤경에 빠뜨릴 수 있는 SOFA 협상을 한국에 강요하지 말도록 국무부에 건의했다. 만약 미국이 SOFA 재협상을 거부하면 한미관계에 대한 불만이 언론과 학생 시위를 촉진하고 박정희 정부를 어려움에 빠뜨릴 것으로 예상했다. 또한 북한이 이 문제를 선전에 이용할 것이며 대통령 선거에서 관련 구호가

---

276 "Airgram from Newman, Amembassy, Seoul to the Department of State : Status of Forces Agreement" June 10 1966, Selected Documents Relating to the SOFA from RG59, Central Foreign Files, 1964~66 Political & Defense, Box No. 1652, 『한미 행정협정 문서 Ⅱ(1962~1966)』, 국사편찬위원회, 2009, p. 102(자료 113).

277 "Incoming Telegram from Amembassy Seoul to RUEHCR/Secstate, WASHDC : SOFA Negotiations," April 23 1966, Selected Documents Relating to the SOFA from RG59, Central Foreign Files, 1964~66 Political & Defense, Box No. 1652, 『한미 행정협정 문서 Ⅱ(1962~1966)』, 국사편찬위원회, 2009, p. 109(자료 112).

등장할 수 있다.[278]

국무부도 한국의 재협상 요구가 베트남 파병으로 인해 높아진 기대를 반영한 것으로 파악했다.[279] 이에 따라 존슨 행정부는 한국과의 재협상을 위한 구체적인 조건과 목표를 논의했다. 처음부터 재협상을 반대해온 美국방부를 고려하여, 국무부는 한국의 요구를 수용하면서도 국방부 입장을 최대한 반영하려고 노력했다. 국무부는 노동과 민사청구권을 양보하고, 한국이 원하는 네덜란드 형식을 수용하는 대신 한미합동위원회 절차를 통한 행사재판권의 자동포기 약속을 한국으로부터 비밀리에 승인받는 방안을 추진했다. 미국은 재협상 요구가 박정희 정부의 국내정치 위상 강화 때문이라고 판단하고 이러한 비밀 승인방안으로 한국의 이익을 충족할 것으로 봤다. 또한 양국 정책결정자 수준에서 정치적으로 합의한다면 미국의 이익도 보장받을 것으로 판단했다. 국무부는 SOFA 재협상이 미국과 한국의 이익이 반영된 윈윈전략이라고 평가했다.[280]

반면 美국방부는 네덜란드 형식 뿐 아니라 한국과의 재협상도 반대했다. 이에 대해 국무부는 국방부의 동의를 얻기 위한 두 가지 방안을 검토했다. 첫째, 한국의 요구를 수용하되 비밀 합의서를 통해 형사재판권의 자동포기를 규정

---

278 "Telegram From the Embassy in Korea to the Department of State" April 26, 1966, FRUS, 1964~1968, Vol XXIX, Part I Korea, (https://history.state.gov/historicaldocuments/ frus1964-68v29p1/d84).

279 "Briefing Memorandum from Mr. Bundy and Robert A. Fearey," May 9, 1966, LBJ Presidential Library.

280 국무부는 SOFA 재협상이 미국과 한국의 이익이 반영된 윈윈전략이라고 평가했다. "Letter from the Deputy Secretary of State to the Embassy in Korea," May 19, 1966, LBJ Presidential Library.

하거나 극히 일부 사건만 한국이 형사재판권을 행사하는 방안(만약 한국이 이 제안에 동의하면 더 이상 협상없이 미국은 민사청구권과 노동 조항에서 약간의 양보를 할 수 있음) 둘째, 파키스탄 형식을 적용하는 방안(파키스탄 형식도 네덜란드 형식)을 기본적으로 적용하지만 공개 합의서에서 자동포기 절차를 규정하고 있다. 이는 한국이 주권국가로서 자주적으로 자동포기를 수용한다는 이점이 있었다. 두 가지 방안 중 국무부는 비밀 합의서가 갖는 정치적 위험을 우려하여 두 번째 방안을 선호했다.[281] 이렇게 존슨 행정부 내 논의가 있던 중에 박정희 정부는 이동원 장관, 김현철 주미한국대사 등을 통해 미국을 압박했다. 만약 한국의 요구가 반영된 SOFA 체결이 이루어지지 않을 경우 박정희 정부가 어려움에 처할 수 있다는 메시지였다.[282]

결국 1966년 6월 9일 존슨 행정부에서는 한국이 요구한 SOFA 재협상(형사재판권, 노동, 민사청구권)에 대해 국무부와 국방부가 합의했다.[283] 미국은 1차 형사재판권을 한국이 행사하는 대신 공개적인 부속문서로 한국의 자동포기를 개별적으로 요구하는 파키스탄 형식을 선택했다.[284] 만약 자동포기 사안 중에서도 한국이 형사재판권을 행사할 중요한 사안이 있다면 이를 미국에 통보하도

281 "Draft Message to Embassy Seoul," RG 59, General Records fo the Department of State, Bureau of Far Eastern Affairs, Office of the Country Director for Korea, Records Relating to Korea, 1952~1966, Box 5, NARA.

282 『한미 행정협정 문서 I (1954~1961)』, 국사편찬위원회, 2008, p. 32.

283 "Airgram from Newman, Amembassy, Seoul to the Department of State : Status of Forces Agreement" June 10 1966, Selected Documents Relating to the SOFA from RG59, Central Foreign Files, 1964~66 Political & Defense, Box No. 1652, 『한미 행정협정 문서 II (1962~1966)』, 국사편찬위원회, 2009, p. 102(자료 113).

284 문화방송 시사교양국, 2003, pp. 167~168.

록 했다.(독일 형식과 유사)[285] 박정희 정부가 요구한 주한미군에 대한 엄격한 군법 적용도 포함되었다.[286] 즉, 한국의 형사재판권을 인정하지만 부속문서에서 미국의 권리를 인정하는 방식이었으며, 정치적 부담을 가진 비밀방식은 아니었다.

존슨 행정부는 이러한 입장을 박정희 정부에게 전달했다. 미국은 형사재판권 조항을 한국이 수용한다면 민사청구권과 노동 조항에서 한국의 요구를 수용할 수 있다고 밝혔다. 왜냐하면 미국은 국방부의 입장을 고려할 때 형사재판권에 대한 한국의 자동포기를 확보하는 가장 중요했기 때문이었다. 미국은형사재판권 문제에 대한 한국의 입장을 이해했다고 밝히면서 세부적인 내용은협의가 가능하다고 전했다. 이어서 한국과 합의가 이루어진다면 러스크 국무장관의 방한 중 SOFA 체결에 서명하는 방안을 추진했다.

이러한 존슨 행정부의 결정은 박정희 정부가 재협상 요구에서 연계한 이슈들(한일협정과 베트남 추가 파병 등으로 조성된 박정희 정부의 국내정치 불안과 정권의 위기 국면, 조약 내용의 불평등에 기인한 국회 SOFA 비준 불확실, 1967년 예정된 대통령 선거 등)과 관련이 있었다.[287] 6월 22일 한미 국방장관 회의를 위해 미국을 방문한 김성은 국방장관은 맥나마라 국방장관으로부터 한일협정과 베트남 추가 파병에 대한

---

285 한국이 중요하다고 생각하는 사건에 대해 형사재판권을 행사하려면 한국이 1차 형사재판권을 갖는다고 통보받고 21일 이내에 서면으로 적절한 미국 당국에 통고한다. 이 외에 경우 한국 정부는 1차 형사재판권을 미국에게 포기한 것으로 간주한다는 내용이었다.

286 "Editorial Note", FRUS, 1964~1968, Vol XXIX, Part I Korea, (https://history.state.gov/historicaldocuments/frus1964-68v29p1/d88).

287 박태균, 2006a, pp. 293~294; 『한미 행정협정 문서 I (1954~1961)』, 국사편찬위원회, 2008, p. 33.

구 분	한국의 입장 및 협상전략	미국의 입장 및 협상전략
형사 재판권	• 한국의 1차 형사재판권 행사	• 미군의 공무 중 범죄에 대해 한국이 1차 형사재판권을 갖지만, 미측이 포기를 요구할 때 한국이 중대한 사안이 아니면 이를 포기하도록 규정 (중대한 사안에 대한 한국의 형사재판권 행사 의도는 미국에 통보)
	• 계엄지역에서 한국의 형사재판권 인정 여부(요구 vs 삭제)	• 계엄지역에서 한국의 형사재판권 삭제
노동	• 미군 군사적 필요에 따라 한국 노동법 준수 여부(준수 vs 미준수)	• 비상시를 제외하고 한국 노동법 미준수에 대해 한국 정부와 사전협의
	• 노동쟁의 시작 기준(노동청 제기 시점 vs 한미 합동위원회 상정 시점)	• 노동쟁의 시작 기준(한미 합동위원회 상정 시점)
민사 청구권	• 서울 외 지역의 적용시기 없음	• 서울 지역은 협정 발효 6개월 후, 기타 지역은 1년 후 적용하도록 규정
	• 양국 부담 비율(한국 75%/미국 15% vs 한국 85%/미국 15%)	• 양국 부담 비율(한국 85%, 미국 15%)

감사의 뜻을 전달받았다.[288]

결과적으로 박정희 정부는 미국의 제안을 수용하고 제82차까지 이어온 SOFA 협상을 마무리했다. 양국은 민사청구권과 노동 조항에서 한국의 제안을 부분 반영하는 대신 형사재판권에서는 미국의 제안을 반영했다. 형사재판권의 자동포기 내용은 부속문서에서 다루되 비밀로 분류하진 않았다.[289] 13년 이상

288 "Memorandum of Conversation," June 22 1966, FRUS, 1964~1968, Vol XXIX, Part I Korea, (https://history.state.gov/historicaldocuments/frus1964-68v29p1/d87).

289 "Outgoing Telegram from the Department of State to the Amembassy, Seoul : Korean

끌어온 한미 SOFA는 1966년 7월 9일 한국을 방문한 러스크 국무장관과 이동원 외무장관, 민복기 법무장관 간 서명으로 체결되었다.[290] 이후 10월 14일 국회 비준을 거쳐 1967년 2월 9일 발효되었다.[291]

SOFA Problem" June 25 1966, Selected Documents Relating to the SOFA from RG59, Central Foreign Files, 1964~66 Political & Defense, Box No. 1652, 『한미 행정협정 문서 Ⅱ(1962~1966)』, 국사편찬위원회, 2009, p. 115(자료 114) 이런 배경에는 SOFA 업무 관계관들의 인지 필요성, 한국 내 비밀유지의 어려움, 비밀공개 시 한국 내 논란 가능성 등이 고려되었다.

290 "SOFA-한·미국 합동위원회 법률관계 질의·답변내용," G-0004, 0001-0148, 1961~66, 외교부 외교사료관; "Text of Remarks by Foreign Minister Tong Won Lee at the Singing Ceremony of the Status of Forces Agreement" July 9 1966; 『한미 행정협정 문서 Ⅱ(1962~1966)』, 국사편찬위원회, 2009, p. 117(자료 115).

291 "한·미국 간의 군대지위협정(SOFA) 국내입법조치," J-0029, 0001-0571, 1964~66, 외교부 외교사료관. 이 문서에는 "군대지위협정교섭에서 합의된 협정 조항", "대한민국에서의 미 합중국 군대의 지위에 관한 협정" 등 관련 자료가 수록되어 있다.

IV. 협상 결과와 평가

1. 협상 결과

1953년 8월 이승만-덜레스 공동성명에서 언급된 SOFA 협상은 13년이 지난 1966년 7월 체결되었다. 이 기간 한국 정부는 SOFA 협상과 체결에 미온적인 미국에게 여러 차례 협상안을 제시하거나 한국 내 부정적인 여론과 한미관계 이슈 등으로 압박했다. 비록 이승만 정부의 노력은 4·19 혁명으로 협상조차 시작하지 못했고, 장면 내각의 노력은 5·16 군사정변으로 짧은 협상에 그쳤지만, 이후 박정희 정부의 노력이 결실을 맺는 토대가 되었다. 이런 점에서 이승만, 장면, 박정희 시기의 SOFA 협상은 미국과 협상 테이블을 차리기 위한 준비 협상을 포함해서 한미 양국의 본 협상까지 연속된 과정으로 볼 수 있다.

1966년 체결된 한미 SOFA는 6·25 전쟁 중 체결된 대전협정을 대체하며 주한미군에 대한 법적 지위를 규정한다. 대전협정은 전쟁 중이라는 특수성 때문에 주한미군의 특권적 권리를 인정한 불평등한 조약이다. 이로 인해 6·25 전쟁 이후 지속된 주한미군의 범죄 처벌, 시설과 장비의 사용료 징수, 손해 보상, 한국인 노동자의 기본권 침해 등에서 한국 정부와 국민은 국내법에 따라 처분하거나 권리 보장 및 비용 청구를 행사할 수 없었다. 이런 문제를 반영하듯이

SOFA 협상에서 가장 큰 쟁점은 형사재판권, 민사청구권, 노동 조항이었다.

한미 SOFA는 협정문 이외에 합의의사록(agreed minutes), 합의양해사항 (agreed understanding), 형사재판권에 관한 한국 외무장관과 주한미국대사 간 의 교환서한(exchange of letters)의 세 가지 부속문서로 이루어졌다. 이 가운데 SOFA 협정문은 대전협정에 비해 외형적으로는 한미 간 불평등을 많이 개선 했으나, 나머지 부속문서들이 본 협정의 내용을 제한했다. 예를 들어, 형사재 판권 문제는 협정문에서 한국이 많은 부분 1차 권리를 행사하는 형식을 취하 면서도 부속문서에서 미국이 한국의 권리행사를 제한할 수 있었다.

형사재판권의 경우, 한미 SOFA 제22조 제3항(다)에 따라 미국의 재산이나 안전 또는 미국인의 신체나 재산에 대한 범죄와 공무집행 중의 범죄는 주한미 군이 1차 형사재판권을 갖고, 기타의 범죄에 대해서는 한국이 1차 형사재판권 을 갖도록 했다. 그런데 합의의사록은 미군의 형사재판권 포기 요청이 있으면 한국이 "특히 중요하다고 결정하는 경우"를 제외하고 1차 형사재판권을 포기 하도록 되어 있다. 이러한 조항은 공무집행 중 범죄에 대해서는 사안의 경중과 관계없이 한국의 형사재판권 행사를 제한한다는 점과, 중요한 경우에 대한 기 준이 명확하지 않아 기타의 범죄에 대해서도 미국의 형사재판권 포기 요청에 따라 한국의 권리를 자동포기하도록 했다.

민사청구권의 경우 한미 간 경제조정에 관한 협정(마이어 협정)에 의해 사실 상 제한받았던 민사청구 사항을 개선하여 한국 법원이 주한미군의 구성원이 나 고용원에 대한 권리를 행사하게 된 점이 성과였다.[292] 그러나 한미 SOFA

---

292 마이어 협정에 대해서는 각주 9번 참고.

제23조 제1항에 따라 "각 당사국은 자국이 소유하고 자국의 군대가 사용하는 재산에 대한 손해에 관하여 다음의 경우에는 상대방 당사국에 대한 모든 민사청구권을 포기"하며 해당 사항으로 손해가 상대방 당사국 군대의 구성원 또는 고용원에 의하여 공무집행 중에 일어난 경우, 또는 손해가 상대방 당사국이 소유하고, 자국의 군대가 사용하는 차량, 선박 또는 항공기의 사용으로부터 일어난 경우를 열거하고 있다. 이러한 조항은 모든 경우에서 일률적인 민사청구권을 포기하도록 만들어 결과적으로 상대방의 군인이나 고용원이 차량이나, 선박, 항공기의 운행 또는 정비, 관리 등에 고의 또는 중대한 과실이 있어서 손해가 발생한 경우까지 민사청구권을 행사하지 못하도록 제한한다.

노동 조항의 경우, 한미 SOFA 제17조 제3항에 따라 "본조의 규정과 합중국 군대의 군사상 필요에 배치되지 아니하는 한도 내에서, 합중국 군대가 그들의 고용원을 위하여 설정한 고용 조건, 보상 및 노사 관계는 한국의 노동법령을 따르도록." 한다. 그런데 이 조항은 군사상 필요에 대해 명확한 규정이 없어 한국 고용인의 지위를 매우 불안하게 했으며 주한미군에 종사하는 한국인에 대한 미국 측의 일방적인 근로조건 설정과 징계 조치, 한국 정부의 효과적인 중재 및 개입을 제한한다.

이런 점에서 한미 SOFA에 대한 일반적인 평가는 부정적이다. 특히 주권국가 간의 협정이 동등해야 한다는 기준이나 국내에서 자국민에 대한 권리가 우선되어야 한다는 기준에 못 미치기 때문이었다. 그러나 냉엄한 국제관계에서 주권국가 간의 관계는 완전히 평등할 수는 없다. 특히 6·25 전쟁 이후 패허가 된 나라를 다시 일으켜 세우기 위해 미국의 원조와 안보 공약이 절실했던 한국의 입장에서 한미관계는 비대칭적 권력관계를 반영했으며 한미 SOFA도 내용 상 주권국가 간 동등함만을 평가하기보다 비대칭적 관계에서 미국을 협상 테이블로 이끌어 내고 대전협정보다 유리한 성과를 얼마나 거두었는가로 평가할 필요가 있다.

2. 협상 환경과 전략에 대한 평가

SOFA 협상는 이승만, 장면, 박정희 정부를 거쳐 체결된 만큼 다양한 협상 환경과 전략을 통해 진행되었다. 미국의 기본 입장은 어떤 협상을 하더라도 대전협정보다 유리한 조건을 확보할 수 없었기 때문에 한국과의 SOFA 체결에 소극적이거나 부정적이었다. 특히 美군부는 SOFA 협상 자체를 일관되게 반대했다.

이승만 정부의 초기 협상 환경은 이승만-덜레스 공동성명에서 SOFA 협상이 공약되었기 때문에 긍정적이었다. 그러나 기대와 달리 아이젠하워 행정부는 SOFA 협상에 부정적이었고, 협상을 최대한 지연하고자 노력했다. 비록 양주열차 강도사건 등 주한미군의 범죄가 국내 여론을 악화시키는 등 SOFA 협상의 압력으로 작용했지만, 같은 시기 주일미군에서 발생한 지라드 사건 등으로 미국 의회와 여론이 SOFA 체결에 부정적이었기 때문에 이승만 정부의 협상 환경은 제한적이었다. 더욱이 이승만 정부 입장에서는 6·25 전쟁 직후 안보와 경제재건에 필요한 미국의 군사적, 경제적 원조와 한국군 현대화를 우선할 수 밖에 없었다. 이와 관련해 이승만 정부는 미국과 협상 중이던 우호통상항행조약, 관세협정 등과 함께 SOFA 협상을 병행하기 어려웠다. 실제로 미국은 한국과 다른 협상을 추진하면서 한국 외무부가 여러 협상을 동시에 수행할 수 없다는 한계(조직구조, 전문인력 등)를 활용했다. 덧붙여 미국은 SOFA 협상을 지연하고자 UN군 참전국들과 통합해 협상하자고 요구했다. 이처럼 이승만 정부는 한편으로 미국에게 의존해야 하는 국내외 여건과 다른 한편으로 국가재건을 위해 우선할 다른 이슈를 사이에서 SOFA 협상을 추진했다.

장면 내각의 협상 환경은 이승만 정부보다 더 부정적이었다. 기본적으로 장면 내각도 미국에게 의존해야 하는 국내외 여건에서 출발했다. 이 시기는 이승만 정부의 사회적 통제가 사라지고 민족주의 열망이 높아지면서 정치적 불안정이 지속되었다. 특히 장면 내각은 민주주의와 대미관계의 자주성을 요구하는 여론에 민감하게 반응했으며, 장면 총리 자신도 사회적 요구를 실현할 정치적 역량이 부족하다는 비판을 받았다. 또한 내각책임제인 장면 정부는 SOFA 문제에 대한 대정부 비판과 결의안 채택 등 국회의 역할이 다른 시기보다 컸기 때문에 국회의 압박도 높았다. 다만, 케네디 행정부는 온건하고 보수적인 장면 총리가 SOFA 협상에서도 내용보다 형식을 우선한다는 점을 긍정적으로 평가하고 있었다. 이처럼 장면 내각은 국내정치적 부담 속에서 SOFA 협상을 적극적으로 시작했으며, 비록 5·16 군사정변으로 중단되었지만 처음으로 미국과 협상 테이블에서 마주할 수 있었다.

군사정권 시기를 포함한 박정희 정부의 협상 환경은 이전 시기보다 긍정적이었다. 박정희 정부는 이승만, 장면 시기보다 국내정치적 안정과 사회적 통제를 유지했으며, 1963년에는 민정이양에도 성공함으로써 SOFA 협상의 조건을 충족할 수 있었다. 당시 미국은 대한정책으로 한국과 일본의 관계개선을 추진했는데 이는 한국의 자립적 경제발전을 추구하려는 박정희 정부의 이해관계와 부합했다. 따라서 박정희 정부는 한일협정 체결 과정에서 미국의 지원을 요구하거나 받을 수 있었고 SOFA 협상에도 우호적인 환경으로 작용했다. 이 뿐만 아니라 미국이 개입했던 베트남 전쟁에서도 1965년부터 한국군 전투부대 파병이 필요해지자 박정희 정부는 이를 활용하여 SOFA 협상에 유리한 환경을 조성할 수 있었다. 다시 말해, 박정희 정부의 협상 환경은 민정이양, 한일협정, 베트남 파병 등 국제적으로 미국에 대한 한국의 레버리지가 높아진 상황이었고, 이를 통해 SOFA 협상 과정에서 미국에게 일정한 요구를 할 수 있었다.

협상 전략에서도 이승만, 장면, 박정희 정부는 달랐다. 이승만 정부는 SOFA 협상을 추진하면서도, 군사원조와 경제원조 등 다른 현안에 비해 우선하진 않았다. 다만, 협상을 요구할 경우에는 주한미군 범죄로 악화된 여론이나 SOFA 협정을 요구하는 국회나 언론의 비판을 활용했다. 또한 미국과 일본이 체결한 SOFA 협상을 파악하여 한국도 동등한 대우를 요구하는 전략을 구사했다. 반면 이승만 정부는 한일관계 정상화에 미온적이었기 때문에 미국과의 협상에서 이 문제를 연계하는 협상 전략을 활용하진 않았다. 그리고 한국 외무부 내 협상 조직과 인력의 제한으로 SOFA 협상과 미국과의 여러 협상을 동시에 추진하기 어려운 한계가 있었다.

장면 내각의 협상 전략도 국내정치 쟁점을 활용했다는 점에서 이승만 정부와 유사했다. 그러나 장면 내각은 민족주의 경향이 높아진 사회 분위기의 영향을 받았으며, 주권국가로서 동등한 대우를 요구하는 여론에 민감했다. 따라서 장면 내각은 여론과 언론에서 제기된 불평등 문제와 SOFA 체결 요구를 활용하여 미국을 압박했으며, 내각책임제에서 높아진 국회의 목소리에도 영향을 받았다. 덧붙여 장면 총리는 흔들리는 정치적 입지와 개인적 상황을 주한미대사관에 전달하는 방법으로 SOFA 협상을 요청하기도 했다. 장면 내각은 SOFA 협상의 내용보다 협상의 시작을 우선했기 때문에, 미국의 입장에서는 장면 내각을 협상 상대로 선호했고 실제 협상을 시작할 수 있었다.

박정희 정부의 협상 전략은 이승만, 장면 시기보다 유리한 국내외 협상환경에서 마련되었다. 군사정권 시기 미국과의 SOFA 체결을 주요 외교과제로 선정했던 박정희 정부는 1963년 말 미국이 요구한 민정이양을 달성함으로써 미국에게 SOFA 협상 시작을 더욱 적극적으로 압박했다. 또한 파주린치 사건과 임진강나무꾼 피살사건 등 주한미군 범죄에 대한 부정적인 여론이 높아진 상황을 SOFA 협상에 활용했다. 이전 정부와 마찬가지로 미국이 다른 국가와 진행한 SOFA 협상을 구체적으로 파악하여 일본 SOFA 혹은 필리핀 SOFA 이상의 동등한 대우를 요구했다. 무엇보다 박정희 정부는 미국의 이해관계에 적극적으로 대응하는 협상 전략을 통해 협상력을 높였다. 구체적으로 미국의 대한 정책 차원에서 희망했던 한일협정 체결을 적극적으로 추진했으며, 한일협정에 따른 국내정치적 부담을 활용하여 SOFA 협상의 유리한 여건을 조성했다. 이어서 미국이 필요로 했던 베트남 추가 파병을 처리하면서 기존 합의보다 유리한 내용으로 SOFA 재협상을 요구하여 부분적으로 성과를 얻어냈다.

물론 박정희 시기 SOFA 체결이 한국의 압박으로만 성사된 것은 아니다. 미국의 입장에서는 다른 우방국들과 SOFA 협상을 진행 중이거나 완료했기 때문에 한국과도 SOFA 체결을 예정하고 있었다. 그러나 박정희 정부는 한일협정과 베트남 추가 파병으로 국가안보와 경제발전의 필요한 지원을 확보하면서도 동시에 SOFA 재협상을 이끌어냈다는 점에서 이슈를 연계한 협상 전략의 성과를 거둘 수 있었다.

〈표〉 한국과 미국의 시기별 SOFA 협상 전략 비교

구 분	한국의 입장 및 협상전략	미국의 입장 및 협상전략
이승만 정부	• 주한미군 사건에 따른 부정적인 국내여론, 언론 활용 • UN군과 주한미군 분리협상 • 일본 등 다른국가의 SOFA와 동등한 대우 요구 • 다른 한미현안을 우선(정상회담 의제 제외)	• SOFA 협상 시작 지연(UN군 통합 협상 주장, 다른 협정 우선, 한국 외무부 역량 부족 등) • 일본과 다른 SOFA(한국 사법체계 불신, 휴전체제의 지속) • SOFA 협정에 부정적인 미국 의회와 여론 활용(지라드 사건) • 협상 시작조건(형사재판권 협상 불가) 제시
장면 내각	• 불평등한 한미관계에 부정적인 국내여론, 언론, 민족주의 정서 활용 • 국회의 결의안 제출(내각제) • 덜 논쟁적 이슈부터 협상 요구 • 일본 등 다른 국가의 SOFA와 동등한 대우 요구 • 주요 외교과제로 우선 추진 • 개인적 어려움 호소(장면 총리) • 협상 내용보다 협상 시작에 초점 (국내정치적 실적 중시)	• 우호적인 협상상대(장면 내각)로 인식 • 협상 시작조건(형사재판권 협상 불가) 제시
박정희 정부 (군사정권포함)	• 주한미군 사건에 따른 부정적인 국내여론, 언론 활용 • 덜 논쟁적 이슈부터 협상 요구 • 일본 등 다른 국가의 SOFA와 동등한 대우 요구 • 국외 이슈(한일협정, 베트남 파병) 여론, 비준과 연계 • 다른 한미현안과 병행(정상회담 의제 포함) • 개인적 어려움 호소(이동원 외무장관)	• 협상 시작조건(민정이양, 사법절차 회복) 제시 • 국가별 상황에 따른 SOFA 체결 (독일과 한국 상황 유사) • 박정희 정부의 한일협정, 베트남 파병 지원(정치적 부담 완화) • 독일 형식(형사재판권) 제시

　　1967년 발효된 한미 SOFA는 이후 두 차례 개정되었으며, 미국이 독일, 일본 등 다른 선진국과 체결한 SOFA 수준에 이르고 있다. 1991년 2월 1일 발효된 1차 개정 때에는 독소조항으로 논란이 되었던 형사재판권 자동포기조항을

폐지하고, 한국의 1차적 관할권을 확대했으며 한국 수사당국의 예비수사권을 확보하는 등의 개선이 이루어졌다. 2001년 4월 2일 발효된 2차 개정 때에는 환경조항의 신설, 주요 범죄에 대한 기소시 미군의 신병인도, 흉악범죄(살인, 강간 등) 체포시 계속 구금을 규정하는 등 형사재판권, 환경, 노무, 동·식물 검역, 시설구역의 공여와 반환, 비세출자금기관, 민사소송절차(총 7개 분야)에서 개선이 이루어졌다.[293]

한미 SOFA 협상 사례를 통해 본 향후 한미협상의 교훈은 다음과 같다. 첫째, 미국이 유사 이슈로 다른 국가와 진행했던 협상 내용을 충분히 파악하고, 양국의 이해를 증진하는데 있어 중견국으로서 한국의 역할을 제시하는데 노력할 필요가 있다. SOFA 협상 과정에서도 확인했듯이 미국은 다른 정부와 추진한 SOFA 협상을 한국 정부가 파악하고 있다는 사실에 민감하게 대응했으며, 협상 대상인 주둔국의 전략적 중요성에 따라 협상의 기준을 달리했다. 오늘날 중국, 일본, 러시아 등 강대국들로 둘러싸인 한국의 지정학적 중요성을 고려할 때, 향후 미국과의 협상은 단순히 주한미군의 법적 지위를 규정하는데 그치지 않을 것이다. 주한미군에 대한 양국의 협상은 동아시아에서 한국의 지정학적 역할, 미중관계, 미일관계 속에서 영향을 받을 것이기 때문이다.

둘째, 협상 이슈에 대한 한미 양국의 국내정치 상황을 정확히 파악하고 협상 경과에 따라 활용할 수 있는 전략이 필요하다. 한미 SOFA의 경우 대부분의 한국 정부는 국내정치적 반대를 활용하여 미국을 압박하거나 원하는 내용을 요구했다. 물론 이런 요구가 늘 성공했던 것은 아니지만, 주한미군은 주둔

---

293 외교통상부, 『알기 쉬운 SOFA 해설』, (서울 : 외교통상부), 2002. p. 7.

국 국민들과 반감에 대해 부담을 느낄 수 밖에 없기 때문에 협상 상대인 미국에게 국내정치 상황을 전달하는 전략이 필요하다. 한국 정부도 국민 여론을 반영한 외교정책을 추진해야 하는 입장에서 이러한 협상전략을 활용할 필요가 있다. 또한 일본에서 발생한 지라드 사건으로 미국의 협상 진행이 어려웠던 사례를 상기할 때, 향후 미국과의 협상에서도 이슈에 따라 미국 내 국내정치 상황을 파악하여 협상 전략에 활용해야 한다.

셋째, 한국 외교부의 협상 역량을 지속적으로 발전시켜야 한다. 비록 한국 정부 체계가 충분히 갖추어지지 못했던 1950~60년대 사례지만, 미국이 한국 외교부의 전문성, 인력 등 제한적인 협상 역량을 파악하고 협상을 지연했던 경험은 안타까운 현실이었다. 나아가 코로나 펜데믹 이후 국가간 이슈가 더욱 다양화되면서 향후 한미 SOFA도 다양한 이슈를 포괄할 가능성이 있다. 따라서 다양한 이슈를 적시에 분석하고 조언할 수 있는 전문가 네트워크를 구축하고, 외교부 내 인력들도 변화하는 협상 이슈에 대한 전문교육을 받을 수 있도록 교육체계의 개선이 필요하다.

부 록

[자료 1] "Administrative Agreement with ROK (Position Paper)" ······················**142**
- 생산시기 : 1954년 7월 28일
- 출처 : Selected Documents Relating to the SOFA from RG 59, Office of Northeast Asian Affairs-Apla-Numeric File on Korea, 1952~57. Lot Files 58D643 & 59D407, Entry 1231, Microfilmed on C0042, Roll No. 19, Rhee Visit 1954, United States-ROK Talks, Washington, July 26~30, 1954.
- 소장기관 : National Archives and Records Administration
- 개요 : 이 문서는 국무부 극동아시아국 동북아시아과 드류(Drew)가 첨부한 미국의 정책지침(3급 비밀)이다. 문서에서는 예상되는 한국 정부의 입장과 미국의 대응 논점을 제시했다. 한국 정부의 입장은 1953년 8월 8일 이승만-덜레스 공동 성명에서 약속한대로 SOFA 협상을 즉시 시작해야 하며, 형사재판권, 기지 사용권, UN군 사령부에 제공된 시설과 용역에 대한 청구권 및 사용료 해결을 포함하자는 것이다. 이에 대해 미국의 대응 논점은 현재 UN군 지위에 대해서는 UN군 사령부의 조치가 적절하므로 당분간 현재 조치를 유지하고 청구권과 사용료 해결을 위한 협상은 10개월 이내 시작할 용의가 있다고 밝혔다.

[자료 2] "Foreign Service Despatch from American Embassdor,
   American Embassy, Seoul, to the Dept. of State, Washington
   : Administrative Agreement on Status of Forces" ·························**143**
- 생산시기 : 1955년 6월 3일
- 출처 : Selected Documents Relating to the SOFA from RG 59, Records of the Department of State, Internal Affairs of Korea, 1955~59 (Decimal Files 795, 895 and 995), Microfilmed on C0019, Roll No. 13 : 795B.03/3-3055 to 795B.5/2-2456

- 소장기관 : National Archives and Records Administration
- 개요 : 이 문서는 주한미대사관 스트롬 참사관이 국무부로 보낸 전문(3급 비밀)이다. 문서에서는 형사재판권 협상은 어려운 문제이기 때문에 한국과 협상을 가능한 오래 지연시키길 희망했다. 한국이 압박해올 경우에 미국은 제한된 인력을 운용하는 한국 외무부가 다른 협상(우호통상항행조약 등)에 전념하도록 만들어 시간을 끌 수 있다고 봤다. 또한 청구권 문제에 대해 역으로 청구권을 제안하여 추가적인 시간을 끌 수 있다고 제안했다.

[자료 3] "Incoming Telegram from McConaughy, Seoul, to the Secretary of State" ···**145**
- 생산시기 : 1961년 4월 10일
- 출처 : Selected Documents Relating to the SOFA from RG 59, Political Relations Between the U.S. and Other States, 1960~1963 (Decimal File 611), Microfilmed on M855, Roll No. 134 : 611.95B42/2-261-611.96/1-463.
- 소장기관 : National Archives and Records Administration
- 개요 : 이 문서는 맥카나기 주한미대사가 국무부로 보낸 전문(3급 비밀)이다 문서에서는 미국과 한국이 공식적으로 SOFA 협상을 시작한다는 언론보도에 동의한 내용을 요약했다. 미국은 한국과 포괄적인 SOFA 체결을 목표로 협상을 시작할 준비가 되었으며 장면 총리는 이를 매우 환영하는 의사를 표명했다. 맥카나기 대사는 SOFA 협상이 복잡한 문제이고 몇 년이 소요될 수 있다고 신중한 입장을 보였다.

[자료 4] "Outgoing Telegram from the Department of State to Amembassy, Seoul" ···**147**
- 생산시기 : 1962년 5월 11일
- 출처 : Selected Documents Relating to the SOFA from RG 59, Political Relations Between the U.S. and Other States, 1960~1963(Decimal File 611), Microfilmed on M855, Roll No. 134 : 611.95B42/2-261-611.96/1-463.
- 소장기관 : National Archives and Records Administration
- 개요 : 이 문서는 주한미대사관으로 보낸 국무부 전문(3급 비밀)으로 국무부·국

방부의 합동전문이다. 문서에서는 한국민의 SOFA 체결 요구가 증가할 것이므로 지금 침착하게 협상을 시작하도록 권고했다. 한국 군사정권에 대해 미국은 혁명재판부가 해체된 이후 협상을 시작할 수 있으며, 정상적인 입헌 정부가 회복되고 민간 재판과 사법 절차가 정상적으로 기능할 때까지 형사재판권 문제를 논의하지 않겠다는 사전약속을 군사정권에 요구하도록 했다.

• 생산시기 : 1962년 6월 8일
• 출처 : Selected Documents Relating to the SOFA from RG 59, Political Relations Between the U.S. and Other States, 1960~1963 (Decimal File 611), Microfilmed on M855, Roll No. 134 : 611.95B42/2-261-611.96/1-463.
• 소장기관 : National Archives and Records Administration
• 개요 : 이 문서는 주한미대사관으로 보낸 국무부 전문(3급 비밀)으로 국무부·국방부의 합동전문이다. 문서에서는 미국의 기존 입장(형사재판권 문제는 한국에서 정상적인 입헌 정부와 민간 법정/사법절차의 복원 때까지 논의할 수 없음)이 확고함을 강조했다. 한국 정부가 자신들 입장을 미국이 수용하도록 강요한다면 미국도 여론에 대한 선전을 준비하도록 제안했다. 또한 한국은 원조의 증가와 외국인 투자 강화를 필요로 하기 때문에 미국과의 갈등으로 잃는 것이 많다고 지적했다.

• 생산시기 : 1962년 8월 1일
• 출처 : Selected Documents Relating to the SOFA from RG 59, Political Relations Between the U.S. and Other States, 1960~1963 (Decimal File 611), Microfilmed on M855, Roll No. 134 : 611.95B42/2-261-611.96/1-463.
• 소장기관 : National Archives and Records Administration
• 개요 : 이 문서는 버거(Samuel D. Berger) 주한미대사가 러스크(Dean Rusk) 국무장관에게 보낸 전문(3급 비밀)이다. 문서에서는 SOFA 협상 시작을 위한 공동성

명에서 한국 정부가 삭제하기를 원하는 두 가지 주장을 분석했다. 한국 정부는 민정 복귀보다 사법 절차 복귀에 더 반대하지만 민정 복귀와 정상적 사법 절차의 수립이라는 조건을 공표하는데 반대했다. 이러한 공표는 군사정권의 체면을 손상시키고 미국의 압력에 굴복하는 것으로 보인다는 주장이다. 또한 한일국교 정상화 회담에도 부정적이고 공표 내용이 모호하여 미국이 협상을 무기한 연기할 수 있는 명분이 된다는 주장이다.

[자료 7] "Incoming Telegram from Seoul, to the Secretary of State" ·················154
- 생산시기 : 1965년 2월 19일
- 출처 : Selected Documents Relating to the SOFA from RG 59, Central Foreign Files, 1964~66, Political & Defense, Box No. 1652.
- 소장기관 : National Archives and Records Administration
- 개요 : 이 문서는 주한미대사관에서 번디(William P. Bundy) 국무부 차관보에게 보낸 전문(3급 비밀)이다.

[자료 8] "Letter from W. P. Bundy to J. T. Mcnaughton, Assistant Secretary of Defense, International Security Affairs, Department of Defenset" ··········157
- 생산시기 : 1965년 4월 10일
- 출처 : Selected Documents Relating to the SOFA from RG 59, Bureau of Far Eastern Affairs, Office of the Country Director for Korea, Records Relating to Korea, 1952~66, Lot 66D503, Box No. 1.
- 소장기관 : National Archives and Records Administration
- 개요 : 이 문서는 번디(William P. Bundy) 국무부 차관보가 맥노튼(John McNaughton) 국방부 차관보에게 보낸 서신(2급 비밀)이다. 번디 국무차관보는 SOFA 협상 체결을 위해 형사재판권 문제에서 미국 측이 호의적인 결정을 필요하며 국방부가 이러한 결정에 대해 시급히 동의해줄 것을 요청했다. 이 서신에서는 1965년 봄에 한국과 SOFA 협정을 체결하는 것이 미국의 극동아시아 정책의 주요 목표인 한일협정 체결에도 매우 중요하다고 밝혔다. 또한 필리핀과 형

사재판권 관련 협상이 마무리되고 있으므로 그 전에 한국과 협상을 마무리할 필요가 있다고 언급했다.

[자료 9] "Incoming Telegram from the Amembassy Seoul, to RUEHC
　　　　/SecState, WASHDC : SOFA" ··159
• 생산시기 : 1966년 2월 19일
• 출처 : Selected Documents Relating to the SOFA from RG 59, Central
　Foreign Files, 1964~66, Political & Defense, Box No. 1652.
• 소장기관 : National Archives and Records Administration
• 개요 : 이 문서는 주한미대사관에서 러스크(Dean Rusk) 국무장관에게 보낸 전문
　(2급 비밀)이다. 문서에서는 박정희 정부가 SOFA 체결을 연기할 수 있다는 언론
　보도나 정부 소식통에 대해 다루었다. 주한미대사관은 이러한 정보에 대해 장상
　문 한국 측 협상대표에게 질의하여 관련 계획이 없다는 답변을 받았다. 그러나
　주한미대사관은 한국 외무부가 베트남 파병을 레버리지로 활용하여 SOFA 협상
　의 불만족 사항에 대해 재협상을 시도할 위험이 있다고 지적했다.

[자료 10] "Incoming Telegram from the Amembassy Seoul, to RUEHC/
　　　　SecState, WASHDC : SOFA" ···162
• 생산시기 : 1966년 4월 18일
• 출처 : Selected Documents Relating to the SOFA from RG 59, Central
　Foreign Files, 1964~66, Political & Defense, Box No. 1652.
• 소장기관 : National Archives and Records Administration
• 개요 : 이 문서는 브라운(Winthrop G. Brown) 주한미대사가 러스크(Dean Rusk)
　국무장관에게 보낸 전문(3급 비밀)이다. 문서에서는 이동원 외무장관이 SOFA
　협상의 형사재판권, 민사청구권, 노동조항에 대한 재협상을 요구했다. 한국은 미
　국이 필리핀과의 SOFA에서 한국보다 유리한 조건을 제시했다는 점을 한국민이
　불쾌하게 여긴다며 아시아 소국보다 차별받는 것에 대해 불만을 제기했다. 이에
　대해 브라운 주한미대사는 SOFA 협상이 미국에게 불리하지 않도록 형사재판권

문제에 변화(네덜란드 SOFA 형식)를 모색해야 한다고 권고했다.

       (자료분량상 표지만 수록)
- 생산시기 : 1966년 6월 24일
- 출처 : Current Intelligence Weekly Secial Report, CIA-RDP79-00927A005300080002-6.
- 소장기관 : CIA Library(홈페이지)
- 개요 : 이 문서는 CIA 주간 특별보고서이다. 문서에서는 박정희 정부가 베트남 파병으로 경제적 이익 외에도 대미관계에서 이전보다 대등한 입장을 확보하고, 한국의 국제적 지위를 높이길 기대한다고 분석했다.

- 생산시기 : 1966년 7월 9일
- 출처 : Selected Documents Relating to the SOFA from RG 59, Office of the Executive Secritariat, Conference Files, 1949~72. Entry A1 3051B, Lot 67D305, Box No, 415.
- 소장기관 : National Archives and Records Administration
- 개요 : 이 문서는 이동원 외무장관의 한미 SOFA 체결식 연설문이다. 문서에서는 1950년대 초부터 한국 국민과 정부가 요망해왔던 SOFA 체결로 한미 양국의 결속에 기여할 것으로 평가했다.

[자료 1] "Administrative Agreement with ROK (Position Paper)"(1954년 7월 28일)
Selected Documents Relating to the SOFA from RG 59, Office of Northeast Asian Affairs—Apla—Numeric File on Korea, 1952~57. Lot Files 58D643 & 59D407, Entry 1231, Microfilmed on C0042, Roll No. 19, Rhee Visit 1954, United States—ROK Talks, Washington, July 26~30, 1954. National Archives and Records Administration.

<u>Confidential</u>

Speaking Paper

Administrative Agreement
(To be discussed only if raised by President Rhee)

Probable Position of Korean Government

1. Negotiation of Administrative Agreements provided for in Dulles Rhee August 8, 1953 statement should be undertaken promptly.

2. Agreements should cover criminal jurisdiction, base rights, and arrangements for settling claims and bills for Korea facilities and services furnished the UNC.

U.S. Talking Points

1. Since present ROK-UNC arrangements on status of UNC forces in Korea are adequate and since the political and military situation in Far East is still critical and unsettled, it is preferable to maintain present arrangements for criminal jurisdiction as well as base rights for time being.

2. We are willing to begin negotiations within ten months for arrangements to settle claims and bills arising from U.S. /U.N. military activities in Korea.

3. U.S. is committed by the Dulles-Rhee statement of August 8, 1953 to "negotiate agreements to cover the status of such forces as the U.S. may elect to retain in Korea after the mutual defense treaty comes into force and effect…." Therefore, when the defense treaty comes into effect, if the ROK insists upon comprehensive status of forces and base rights agreements, we will agree to open negotiations promptly.

[자료 2] "Foreign Service Despatch from American Embassdor, American Embassy, Seoul, to the Dept. of State, Washington : Administrative Agreement on Status of Forces" Selected Documents Relating to the SOFA from RG 59, Records of the Department of State, Internal Affairs of Korea, 1955~59 (Decimal Files 795, 895 and 995), Microfilmed on C0019, Roll No. 13 : 795B.03/3-3055 to 795B.5/2-2456. National Archives and Records Administration.

AIR POUCH
PRIORTY

Confidential

Foreign Service Despatch

From : American Embassy Seoul 308
To   : The Department of State, Washington
Ref : Deptal 704, May 13, 1955.

Desp. No. : 308
Date : June 3, 1955

Subject : Administrative Agreement on Status of forces

In view of the difficulty that will almost certainly be encountered in dealing with the question of jurisdiction the Embassy is also desirous of postponing negotiations on an Administrative Agreement on the Status of Forces as long as possible. However, attention is invited to the commitment made by the Secretary of State in his joint statement with President Rhee on August 7, 1953, as follows :

"Our Governments will promptly negotiate agreement to cover the status of such forces as the United States may elect to maintain in Korea after the mutual-defense treaty comes into force and effect, and the availability to them of Korean facilities and services needed for the discharge of our common task. In the meantime, the Republic of Korea will continue to cooperate with the UNC and the status of UNC forces in Korea and the availability to them of Korean facilities and services will continue as at present."

In view of this statement the Department is undoubtedly under an obligation to initiate negotiations if pressed to do so by the ROK Government, but it may, as suggested by the Department, be possible to gain some time by keeping the limited personnel of the Ministry of Foreign Affairs occupied with other subjects. The Treaty of Friendship, Commerce and Navigation is under negotiation at present and the Embassy does not believe that the officers of the Ministry are in a position to undertake other work of this kind until work on the Treaty has been completed. However, these negotiations appear to be drawing to a close.

In the Embassy's opinion, the most promising subject with which to gain additional time would be the settlement of claims and counter-claims. If this is to be done, it would be desirable for the Embassy to have the Department's instructions for use at an appropriate time. The negotiation of an agreement on this disposal of surplus property and salvage is in the offing but it is not expected that this will consume much time.

As far as the Draft Agreement on Customs Duties is concerned, the Embassy considers that this subject has been disposed of. In this connection there is enclosed a copy of the letter from the Ambassador to the Ministry of Foreign Affairs dated January 27, 1955, which was prepared with the concurrence of CINCUNC. The Regulations mentioned in this letter have now been promulgated.

For the Ambassador :

Carl W. Strom

Carl W. Strom

Counselor of Embassy

Enclosure : Copy of letter to
             Foreign Minister Pyun
             dated January 27, 1955.

Copies to : CINCUNC
            Gen Ferenbaugh
            GAG
            JODB

■ 795B.5/6-355

[자료 3] "Incoming Telegram from McConaughy, Seoul, to the Secretary of State"(1961년 4
월 10일) Selected Documents Relating to the SOFA from RG 59, Political Relations
Between the U.S. and Other States, 1960~1963 (Decimal File 611), Microfilmed
on M855, Roll No. 134 : 611.95B42/2-261-611.96/1-463. National Archives and
Records Administration

Confidential

**Incoming
Telegram**　　　Department of State　　　ACTION COPY

Control : 513
Rec'd : April 10, 1961, 5 : 33 A

From : Seoul
To　　: Secretary of State
No　　: 1335, April 10, 6 PM

NIACT
Department Telegram 1133.

At conclusion of meeting with PriMin Today on Status of Forces Agreement, we agreed to
following statement which PriMin has by now issued to press :

Begin Verbatim Text

Ambassador Walter McConaughy, accompanied by General Carter MaGruder, called today
upon Prime Minister Chang Myon to inform him that the United States is prepared to enter
into general negotiations aimed to the conclusion of a full status of forces agreement with the
Republic of Korea. Defense Minister Hyon Sok-Ho, Vice Foreign Minister Kim Yong-Shik
and Minister Counselor Marshall Green also attended meeting.

Prime Minister replied that his Government greatly welcome this development and it was
agreed to begin negotiations next week. At the same time both sides recognized that the
conclusion of any status of forces agreement involves detailed, complex matters and it is
anticipated that negotiations will continue over a considerable period of time.

End Verbatim text

Earlier this afternoon at press conference called priority my departure from Korea, I was asked whether any progress had been made on agreement to conclude an SOF Agreement. I replied that I expected authorization very soon to begin negotiations on such an agreement provided the Korean Government was agreeable. I said that our general position is that we should be prepared to discuss status of forces arrangements with any country where our forces are stationed. I took care to caution that status of force negotiations are complicated affairs, often going on for several years and involve a lot of give and take and that neither side to such negotiations should expect to get all that it desired.

Full report on meeting with PriMin today will be wired soonest.

McConaughy

SMD

■ 611.95B7/4-1061 HBS

[자료 4] "Outgoing Telegram from the Department of State to Amembassy, Seoul"(1962년 5월 11일) Selected Documents Relating to the SOFA from RG 59, Political Relations Between the U.S. and Other States, 1960~1963 (Decimal File 611), Microfilmed on M855, Roll No. 134 : 611.95B42/2-261-611.96/1-463, National Archives and Records Administration

Confidential

Outgoing Telegram

Department of State

6794
May 11, 6:59 PM, 1962

Action : Amembassy Seoul Priority *1041*
Info　　: Amembassy Tokyo *2820*
　　　　　Amembassy Taipei *636*
　　　　　CINCPAC POLAD Priority

Refs : A-Seoul's 1119, Rptd Tokyo 411, Taipei 37, CINCPAC
　　　　B-Seoul's 1128, Rptd Tokyo 414, Taipei 38, CINCPAC 200

Joint State-Defense Message

1. In view recommendations Reftels we have given careful consideration to following factors :

   A. Pressure for SOFA in Korea appears to have its source in articulate and well-informed sector of Korean public, has been manifest for six years during three regimes, and will probably increase. ROKG is able, as at present, to suppress public expression temporarily on this matter but cannot eliminate it. Therefore it is better to open negotiations now at deliberate pace than risk facing demands for less favorable arrangements later, when we are likely to be under stronger pressure.

   B. USG should not place itself in position of merely reacting to resumption of new press campaign, acquiesced in by ROKG, on this issue or to ROKG demand seeking QTE revision UNQTE of Meyer and Taejon Agreement.

   C. Increasing difficulty of justifying to ROKG our refusal to negotiate status of forces matters in view of our willingness to do so with Chang regime and of our decision to support Pak regime.

2. In view foregoing and FonMin's assurance ROKG willing postpone consideration criminal jurisdiction until after new Govt formed, Ambassador authorized reply orally to FonMin along following lines :

    A. USG willing resume negotiations at working level after revolutionary Courts have completed their work and have therefore been dissolved, which we assume would be approximately end May.

    B. For reasons previously described to ROKG by Ambassador, USG cannot agree to discuss criminal jurisdiction question until normal constitutional Govt has been restored and normal functions of civil courts and legal procedures have been restored. Therefore, before agreeing to resume talks USG requests advance commitment from ROKG that it will not raise this subject until that time. Also, for same reasons, USG must be prepared in response to public or Congressional inquiry to state that discussion on matters other than criminal jurisdiction taking place and that U.S. would not enter into any arrangements providing for exercise of jurisdiction by foreign courts over U.S. personnel unless we are assured they will get fair trial by U.S. standards. Substance of latter point was stressed when U.S. agreed to open talks with Chang Government.

    C. Although USG cannot prevent ROKG from presenting property claims, ROKG should realize that USG position against considering any such claims remains firm and unchanged.

3. If FonMin accepts foregoing conditions as basis to reopen negotiations, we prepared transmit text of diplomatic note to this effect which Embassy can use to reply to formal ROKG request reported Seoul's 1022.

4. Concur with approach suggested para 6 Embtel 1119 of insuring deliberate pace of negotiations by submitting drafts seriatim. Embassy already has draft of five articles on facilities and areas (A-152 of 7 June 1961) and suggest Embassy initiate discussions by tabling these. Other topics will be covered by draft articles as study of these completed.

[자료 5] "Outgoing Telegram from the Department of State to Amembassy, Seoul"(1962년 6월 8일) Selected Documents Relating to the SOFA from RG 59, Political Relations Between the U.S. and Other States, 1960~1963 (Decimal File 611), Microfilmed on M855, Roll No. 134 : 611.95B42/2-261-611.96/1-463. National Archives and Records Administration

Confidential

**Outgoing
Telegram**   ## Department of State

04823
Jun 8, 7 : 47 PM, 1962

Action : Amembassy Seoul NIACT *1104*
Info   : CINCPAC POLAD Priority
        Amembassy Taipei *716*
        Amembassy Tokyo *3077*

Joint State-Defense Message

Refs : (A) Seoul's 1203   (B) Seoul's 1200   (C) Deptel 1041
       (D) Deptel 1052   (E) Deptel 1053

· Re alternatives para 2 Ref A, USG stands firm on basis already proposed for opening SOFA negotiations ; i.e., question criminal jurisdiction cannot be raised for discussion until normal constitutional Govt and normal functions civil courts and legal procedures fully restored in ROK. FYI Prior to actual signature of any agreement we would of course additionally need to be satisfied that standard of ROK administration of justice warranted such action. END FYI.

2. Position 3rd para FonMin's aide-memoire Ref B that SOFA negotiations QTE should be resumed on basis of INNERQTE clean slate END INNERQTE, and under same conditions as existed that date [April 25, 1961] UNQTE is obviously untenable. Until such time as there is resumption of normal political and judicial situation ROK, the QTE same conditions as existed that date UNQTE do not rpt not exist.

3. If ROKG seeks to force USG accede their position, its levers presumably are (a) whipping up public campaign through publicity on QTE GI incident UNQTE and demonstrations, (b) recalcitrance in relation with US on other matters, such as UNC operational control or negotiations other unrelated questions, (c) harassment of US official or private non-military personnel in connection alleged misconduct. ×× In regard possibility (a), it not unlikely Korean people themselves would understand why US not willing to subject its personnel to Korean legal system under present conditions, and we should be prepared to use counter publicity ourselves if matters worsened to such a stage. In regard (b) and (c), Koreans have more to lose than we do, given their desire for increased aid and stepped-up private foreign investment.

4. Above analysis, however, does not change USG judgment that commencement SOFA negotiations now is in mutual interest, since it would blunt force of continuing popular feeling that Americans not treating Koreans as equal Free World partners.

5. ROKG probably believes it would lose domestic face if publicly known it had agreed not discuss criminal jurisdiction, which Koreans obviously regard as essential attribute sovereignty. This problem may explain change attitude from FonMin's initial favorable reaction (Seoul's 1076). If so, USG problem is to preserve our position, which we believe both proper and understandable, and provide means by which ROKG can accede. If such means can be found, believe we can proceed with deliberate negotiations as originally envisaged.

6. Accordingly, Ambassador authorized propose orally and by aide-memoire to ROKG that negotiations for SOFA be resumed at working level, on basis of US conditions as described draft note Ref E, with further understanding (a) no rpt no formal written USG reply to ROKG note (Seoul's 1022) will be made ; (b) US side will not discuss criminal jurisdiction prior to fulfillment conditions specified draft US note (Deptel 1053). You are to state unequivocally in oral presentation to ROKG reps that attempt to discuss criminal jurisdiction will result in our suspending discussions and that in such event we are prepared to state our position publicly. Phraseology aide-memoire left to Embassy discretion.

7. In regard property claims, question need not be raised by US. If ROKG raises, US response should be as stated para 2 (c) Ref C.

8. Re publicity, USG has no choice but to follow policy para 4 Ref D. If ROKG does not accept proposal per para 4 above, we intend respond (very soon in any event) to Baldwin letter to effect we have been I touch with ROKG on this general subject and if and when negotiations are reopened, they will undoubtedly take considerable time to consummate in view of complexities involved and our need to assure protection for our servicemen in Korea consistent with our legal standards.

End

[자료 6] "Incoming Telegram from Berger, Seoul, to the Secretary of State"(1962년 8
월 1일) Selected Documents Relating to the SOFA from RG 59, Political Relations
Between the U.S. and Other States, 1960~1963 (Decimal File 611), Microfilmed
on M855, Roll No. 134 : 611.95B42/2-261-611.96/1-463. National Archives and
Records Administration

Confidential

**Incoming
Telegram**

Department of State

ACTION COPY

Control : 1084
Rec'd : August 2, 1962, 2 : 20 AM

From : Seoul
To : Secretary of State
No : 100, August 1, 6 PM

Action Department 100, Information Tokyo 24, CINCPAC 13, Taipei 8.
CINCPAC For POLAD

Reference : Department Telegram 1157 (NOTAL)

1. Since submission Embtel 1342, SOFA ball has been continuously in ROKG court. From
time to time FonOff officials, from FonMin down to section chief, have attempted persuade
US delete last sentence from proposed press release. ROKG objects to public statement of
both conditions restoration civilian government and establishment normal judicial
procedures) although latter phrase appears more objectionable than former.

2. Opposition appears to center in nationalist elements in both SCNR and Cabinet. Main
arguments put forward in opposition to acceptance our conditions are as follows :
   A. Public statement would result in loss of face for ROKG since it would amount to
   admission that military government is abnormal and transitory.
   B. US should be satisfied with oral commitment by FonMin or at best some vague
   generalities covering these conditions in an Aide Memoire not specifically worded as

per our aide memoire of June 15 (Embtel 1297).

C. Acceptance would constitute submission to US pressure to hasten establishment civilian government ;

D. Acceptance would have adverse effort on ROK-Japan normalization talks by encouraging Japanese to delay settlement until after restoration civilian government ;

E. Proposed reference to normal judicial procedures is so vague as to enable to prolong negotiations indefinitely.

3. We have answered these arguments but they continue to be reiterated. All of these arguments have been thoroughly ventilated in press through ROKG leaks although there has been virtually no recent editorial comment, undoubtedly as result ROKG restraints.

4. FonMin informed me July 26 that Minister Kim Tong-whan who returning to Washington end this week, will take with him new SOFA proposal for presentation to Dept. FonMin promised me a copy which I have not yet received.

Berger

[자료 7] "Incoming Telegram from Seoul, to the Secretary of State"(1965년 2월 19일)
Selected Documents Relating to the SOFA from RG 59, Central Foreign Files,
1964~66, Political & Defense, Box No. 1652, National Archives and Records
Administration

<u>Confidential</u>

**Incoming
Telegram**   **Department of State**

Control : 17420
Rec'd : 19 February 1965, 2 : 21 PM

From   : Seoul
Action : SecState 773
Info   : Tokyo 283
          Manila 113
          Taipei 47
Date   : February 19, 1965, 5 PM
Confidential
LIMDIS
No Distribution Outside Department
For Assistant Secretary Bundy

Ref Your Letter February 12

SOFA Negotiations

1. I consider L/FE study enclosed with your letter excellent statement of problem. I
particularly endorse statement that offering Philippines NATO-Netherlands formulas while
denying similar treatment to Koreans would lay US open to seriously adverse political
consequences here. In view this judgment, which is so cogently spelled out in study, I do
not understand study's recommendation that German formula, rather than
NATO-Netherlands formula, be offered to Chinese and Koreans.

2. As this embassy has already pointed out, key issue in negotiations here is waiver formula.
Because this issue involves extent to which ROKG will be authorized to decide whether or

not to exercise jurisdiction as sovereign government, it is crux of criminal jurisdiction article and will be subject of most intense public scrutiny and comment. It is on this issue that questions of national pride and prestige and feelings of discriminatory treatment are most likely to arise.

3. In view these considerations and on basis views expressed by Ambassador Wright and discussion in L/FE study, I believe we should move to NATO-Netherlands formula, at least for waiver provisions, rather than to German formula. Although Korean acquiescence to German formula might be obtainable, after prolonged negotiations, relatively complicated language and procedures involved do not appear well suited for Korea. If Korean acceptance German formula were followed by public disclosure NATO-Netherlands formula in Philippine agreement, dissatisfaction here inevitable. This dissatisfaction might lead to Korean effort to exercise jurisdiction in more than usual number of cases. In any event, this embassy has always been of opinion that ROKG would choose exercise jurisdiction less often under NATO-Netherlands formula than under German formula. Listing of specific offenses under German formula would be open invitation to ROKG to exercise jurisdiction in every case involving any of those offenses. Indicative of current ROK thinking along these lines was reference by ROK chief negotiator February 12 to U.S.-proposed enumeration of offenses as enumeration of offenses "over which Korean authorities are to exercise jurisdiction."

4. ROK negotiators February 12 flatly rejected existing US draft on waiver, and countered with modified NATO-Netherlands waiver formula. They did, however, accept almost all U.S.-proposed provisions regarding trial safeguards. Summary that meeting including Korean proposals, being air pouched. Regarding official duty certificate, Korean proposal omits procedure of referring duty certificate to Korean court, which we believe more favorable to U.S. than German formula. Believe we could obtain Korean agreement to German formula re custody, particularly if we offer NATO-Netherlands waiver formula.

5. My comment on specific recommendations made in part V of L/FE study is as follows :
A. Agree we should not try delay Philippine negotiations but we should also try to speed

up Korean negotiations ;

B. I believe department should initiate promptly with defense proposal to move to NATO-Netherlands waiver formula in ROK negotiations and straight German formula on other key criminal jurisdiction issues, with additional detailed trial safeguards and slightly modified duty certificate provisions.

C. Our ability to continue negotiations on issues other than criminal jurisdiction is extremely limited, since Koreans have shown basic unwillingness to moderate their positions before jurisdiction issues settled. Exception is labor article, on which we believe some progress is possible.

6. Korean officials have indicated to us their awareness of Taipei and manila negotiations and their desire to obtain equal treatment. ROKG pressure for early SOFA settlement grows daily, with FONMIN becoming increasingly impatient, we believe this is golden opportunity for breakthrough and that agreement can be concluded quickly once jurisdiction issue is settled.

7. GP-3.

[자료 8] "Letter from W. P. Bundy to J. T. Mcnaughton, Assistant Secretary of Defense, International Security Affairs, Department of Defense"(1965년 4월 10일) Selected Documents Relating to the SOFA from RG 59, Bureau of Far Eastern Affairs, Office of the Country Director for Korea, Records Relating to Korea, 1952~66, Lot 66D503, Box No. 1. National Archives and Records Administration

<u>Secret</u>

April 10, 1965

The Honorable
John T. McNaughton
Assistant Secretary of Defense
International Security Affairs
Department of Defense

Dear John :

It is of the greatest urgency that we receive Defense Concurrence to the proposals contained in Secretary Rusk's March 22 letter to secretary McNamara concerning the Korean and Chinese Status of Forces negotiations. I stress particularly the effect of the Korean negotiations on Ambassador Lodge's mission to Seoul next week, where he will be requesting additional Korean support in Vietnam.

I believe that Ambassador Lodge's approach to the ROKG will be greatly strengthened if we have given the Koreans assurance of a favorable United States decision on the criminal jurisdiction issue. With the prospect of an early conclusion of the SOFA negotiations, the ROKG would be in a far stronger political position to respond positively to whatever contribution we seek from the Koreans for Vietnam. In view of the importance we all place on the Lodge mission, I believe we should table a new Korean criminal jurisdiction proposal before the mission's arrival in Seoul.

This is in addition to other reasons that make it crucial that we move ahead quickly in the Korean negotiations. The Korean Government attaches great significance to the conclusion of a SOFA before President Park's May 16-26 State Visit to the United States. Agreement on the criminal jurisdiction issue will greatly expedite the settlement of all SOFA issues to our advantage.

Most important of all as you know, conclusion of a Korean SOFA this spring is critically important to one of our major policy objectives in the Far East Korea-Japan settlement. Despite domestic opposition, the ROKG intends to sign the normalization agreements in early May. A U.S.-Korea SOFA would be a major political accomplish-sent for the Park Government which would greatly strengthen it in its efforts to finalize a settlement.

In Taipei the timing is also urgent. The Chinese are making almost daily inquiries about the U.S. position on the waiver and custody issues. The atmosphere of Ambassador Lodge's important discussions with the generalissimo on Vietnam will be immeasurably improved if we have been able to table our new SOFA proposals.

Finally, the Philippine negotiation on criminal jurisdiction is virtually completed. Last week the GOP expressed a desire to produce an agreement by the middle of May. If by then we have not concluded agreements with the Koreans and Chinese, our problems are compounded

In view of these considerations I believe it essential that we receive a Defense reply to ou SOFA proposal immediately.

Sincerely,

William P. Bundy

<u>Secret</u>

Incoming Telegram   # Department of State

016067
1966, Feb 18, PM 11 : 41

VV MJA511A625T
RR RUEHC RUEKDA
DE RUALOT 200E 0500415
ZNY SSSSS
R 190405Z
Fm Amembassy Seoul
To RUEHC/Secstate WASHDC 916
Info RUEKDA/DOD WASHDC UNN

RUHLHQ/CINCPAC 313
RUALOT/Amembassy Tokyo 311
State GRNC
BT
Secret Feb 19

CINCPAC for POLAD

SOFA

1. February 18 Choson Ilbo article quotes unidentified ROKG(MOFA) source as indicating ROKG will postpone signing of SOFA indefinitely. Article says although text agreed upon, ROKG fears bring up SOFA at time when domestic political situation likely be disturbed by National Assembly consideration troop despatch issue. Source said ROKG definitely would not submit SOFA to special session. National Assembly Beginning February 23.

2. Source went on to speculate if SOFA not brought up during this assembly session, later submission would tend interfere with preparations for presidential and general elections. Therefore, ROKG would postpone signing to June 1967.

3. Article indicated ROKG had been prepared to sign January 28, but postponed without reason. Article then quoted source as saying ROKG delayed because now negotiating with U.S. to add supplemental agreement on Korean Service Corps (KSC) to SOFA and that only one month is needed to complete negotiations on KSC agreement.

4. Comment : AP ticker Feb 18 carries story similar to above. Political Counselor asked Chief ROK negotiator Chang San-mun about source and implication this article. Chang said he has spoken to Choson Ilbo reporter responsible and had learned that source was unidentified DRP Assemblyman. He denied MOFA was source. Later in conversation, however, he referred to necessity of using negotiation of KSC Agreement as excuse to justify delay in SOFA signing (C.F. para 3 above).

5. Chang said as far as we knew there is no plan to postpone SOFA signing beyond previously indicated March period. However, believe it may be significant that Chosun Ilbo article expresses concern of ROKG over possible involvement SOFA negotiations with anticipated difficulties in National Assembly over troop despatch issue. Danger exists that ROKG, and particularly Fonmin, believing that troop despatch agreement will give it greatly increased leverage, may wish apply such leverage to reopen parts of SOFA agreement with which it dissatisfied and which were negotiated here under conditions greatly different from those prevailing today. If article accurately reflects ROKG feeling, we can expect further "press demonstrations" in connection with SOFA of same type as has characterized troop despatch negotiation.

Brown

Confidential

**Incoming
Telegram**   **Department of State**

13776
April 18, 1966, 4 : 34 AM

NNNNVV MJB171A295
RR RUEHC RUEKDA
DE RUALOS 145E 1080845
ZNY CCCCC
R 180810Z
Fm Amembassy Seoul
To RUEHC/Secstate WASHDC 1172
Info RUALOT/Amembassy Tokyo 387
RUASTP/Amembassy Taipei 108
RUEKDA/DOD WASHDC
RUHLHQ/CINCPAC 388
RUMJMA/Amembassy Manila 185
State GRNC
BT
Confidential April 18

SOFA

CINCPAC For POLAD

Ref : Embtels 1102 and 1171

1. FONMIN informed me today that he would like to reopen negotiations on criminal
jurisdiction, civil claims and labor article SOFA. He said he realized he had assured

Secretary Rusk and myself that agreement as drafted was acceptable but this was before U.S. Agreement with Philippines giving them more favorable treatment on criminal jurisdiction. This would be regarded most unfavorable by Koreans who could understand some discrimination in treatment Japan, a great power, even if they did not like it, but would not be able to understand discrimination in favor of a smaller Asian country to which they consider themselves on the whole superior.

2. I asked if he was making formal request for reopening of negotiations. He replied that if we felt disposed to negotiate on these points it would be desirable; otherwise the agreement would have to be kept in abeyance (he implied until after elections) as in its present form it could be used as a powerful stick against the government by opposition and DRP as well.

3. I said I was surprised and disappointed and while I would transmit his message to Washington, I was sure Washington would also be surprised and disappointed. He replied coldly that Korea was surprised and disappointed to learn that the U.S. Had given the Philippines preferred treatment on criminal jurisdiction.

4. Comment : I believe Lee Tong-Won correctly reflects reaction SOFA will get in Korean political circles, both majority and opposition.

5. I think that if we want to have a SOFA before the next election and if we want to prevent SOFA from becoming election to our detriment we will have to modify our position at least on criminal jurisdiction point and give the Koreans as good treatment as the Philippines.

6. If the Government does not sign, but simply keeps the Agreement on ice, the pressures will be directed towards us for being recalcitrant. Sooner or later the fact that the Government is holding out for equal treatment with the Philippines will become known and the Government will become a hero with us as a discriminatory villain.

7. In any event, as stated in Embtel 1102, I believe the Koreans are right on this issue.

Therefore, I renew my recommendation that we promptly give the Koreans the NATO-Netherlands formula which we gave the Philippines.

Brown

[자료 12] "Text of Remarks by Foreign Minister Tong Won Lee at the Signing Ceremony of the Status of Forces Agreement"(1966년 7월 9일) Selected Documents Relating to the SOFA from RG 59, Office of the Executive Secritariat, Conference Files, 1949~72, Entry A1 3051B, Lot 67D305, Box No, 415, National Archives and Records Administration

TEXT OF REMARKS BY FOREIGN MINISTER TONG WON LEE AT THE SIGNING CEREMONY OF THE STATUS OF FORCES AGREEMENT

July 9, 1966

His Excellency Secretary of State and Members of his Party, His Excellency Prime Minister and Fellow Cabinet Members, and Distinguished Guests :

It is my great honor and personal privilege to be present here at this signing ceremony together with His Excellency Secretary Rusk whose timely visit to this country has made this occasion significant. This ceremony, we believe, is a memorable event in the close relations which have existed between the Republic of Korea and the United States since the establishment of relations between our two countries.

As the Distinguished Guests have just witnessed, have signed with Secretary Rusk An Agreement covering the facilities and areas and the status of the United States forces in the Republic of Korea, the conclusion of which, as you are well aware, has keenly been desired by the people and the Government of the Republic of Korea since the early 1950s.

It is also to be noted that, at the time of the Korean War, the United States armed forces came to the aid of this country, responding to the call of a nation facing Communist aggression, and have been deployed since then in the Republic of Korea under the Mutual Defense Treaty to play their vital role with the Korean armed forces in the common defense of this nation. Today, more than a decade later, our troops are fighting in Vietnam shoulder to shoulder with the troops of the United States to repel the Communist aggression supported and directed by Communist regimes. I firmly believe that the materialization of this Agreement, putting, once and for all, an end to the pending negotiations of many past years, is a reflection of the strong ties which bind our two countries and which have been strengthened by our comradeship in Vietnam, and will further contribute to the fraternity and understanding between our two peoples.

Furthermore, I am very proud of the fact that this Agreement is a product of, and is based upon, the mutual respect and friendship which exists between the two countries. It is my belief, therefore, that if our two countries observe and implement the Agreement faithfully it will serve to improve our already excellent relations.

Finally, I would like to take this opportunity to extend my most sincere and warmest appreciation to those who have participated directly or indirectly in the negotiations for their tireless efforts and their dedication in working toward this day, which marks another high point in the annals of the relations between our two countries.

Thank you

일 자		내 용
1950	7. 12	대전협정
1953	8. 8	이승만-덜레스 공동성명 (변영태 외무장관과 덜레스 국무장관 사이에 한미상호방위조약 가조인)
1954	7.	이승만 대통령의 미국 방문
1956	4. 28	이승만 정부(변영태 외무장관)의 SOFA 협정(안) 제시
1957	1.	일본에서 발생한 주일미군의 지라드 재판
	4. 12	양주열차 강도사건
	11. 21	이승만 정부(조정환 외무장관)의 SOFA 사안별 개별 협상 제안
1960	3. 25	국무부는 SOFA 조항 중 시설과 구역에 관한 협상을 시작으로 개별 협상 통보
	4. 19	4·19 혁명
	9. 20	장면 내각의 SOFA 협상 시작 요구
1961	3. 21	CIA 보고서(한국에 대한 단기 전망)에서 SOFA 체결 권고
	4. 10	1961년 4월 10일 케네디 행정부의 SOFA 협상 시작 공식 통보 [자료 3] "Incoming Telegram from McConaughy, Seoul, to the Secretary of State" (1961. 4. 10.)
	4. 17	1차 한미 SOFA 협상 개최
	5. 16	5·16 군사정변
	6. 11	군사정권(김홍일 외무장관)의 SOFA 협상 시작 요청
1962	1.	임진강나무꾼 피살 사건
	1. 14	한국 정부의 9대 외교정책 현안 발표(SOFA 체결 포함)
	2.	군사정권(최덕신 외무장관)의 SOFA 협상 시작 요구

일 자		내 용
1962	5. 11	1962년 5월 11일 국무부-국방부 합동전문(한국의 혁명재판부가 해체된 이후 SOFA 협상을 시작할 수 있으며, 민정이양과 사법 절차의 정상화 때까지 형사재판권을 논의하지 않겠다는 사전약속을 군사정권에 요구) [자료 4] "Outgoing Telegram from the Department of State to Amembassy, Seoul" (1962. 5. 11.)
	5. 28	파주 린치사건
	6. 6~8	고려대, 서울대 학생의 한미 SOFA 체결 촉구 시위
	9. 6	한미 양국의 SOFA 협상 시작에 대한 공동성명 발표
	9. 20	제1차 SOFA 협상 개최
1963	10. 15	박정희 대통령 당선과 민정이양
1964	6. 3	한일협정 반대 학생 시위로 비상계엄 선포
	8.	브라운 주한미대사와 박정희 정부 간 SOFA 체결 추진 합의
1965	3. 15	필리핀 바기오에서 미국의 SOFA 체결에 대한 공동방안 논의
	4.	롯지 주베트남대사의 한국 방문과 전투부대 파병 논의
	4. 10	국무부-국방부 간 형사재판권 문제 논의 (SOFA 체결과 한일국교정상화의 연계성 강조)
	5. 17	박정희 대통령의 미국 방문 (베트남 전투부대 파병 합의, 한일협정 지원, SOFA 협상 타결 촉구)
	5. 23	박정희 대통령의 SOFA 원칙적 합의에 대한 기자회견 발표
	6. 22	한일협정 체결
	8. 13	베트남 추가 파병안 국회 가결
	8. 14	한일협정 국회 비준안 가결
	11. 28	박정희 정부(이동원 외무장관)의 SOFA 체결 지연 요청
	12. 16	미국의 한국군 베트남 추가 파병 요청
1966	2. 28	험프리 부통령의 한국 방문과 베트남 추가 파병 논의
	4. 1	베트남 추가 파병 동의안 국회 통과

일 자		내 용
1966	4. 18	박정희 정부(이동원 외무장관)의 SOFA 재협상 요구 [자료 10] "Incoming Telegram from the Amembassy Seoul, to RUEHC/SecState, WASHDC : SOFA" (1966. 4. 18.)
	6. 9	국무부와 국방부의 SOFA 재협상 합의
	7. 9	1966년 7월 9일 한미 주둔군지위협정(SOFA) 체결 [자료 12] "Text of Remarks by Foreign Minister Tong Won Lee at the Signing Ceremony of the Status of Forces Agreement" (1966. 7. 9.)
1967	2. 9	한미 주둔군지위협정(SOFA) 발효

1차 자료

〈영문〉

Foreign Relations of the United State, 1961~1963, Vol. XXII, Northeast Asia.

Foreign Relations of the United State, 1964~1968 Vol. XXIX, Part I Korea.

Research Center for Peace and Unification, 1976, *Documents on Korean-American Relations 1943-1976* (Seoul : Research Center for Peace and Unification).

"U.S. Policy Toward Korea,"(NSC 6018) November 28, 1960. National Security Council, Eisenhower Presidential Library.

"Memorandum from Komer to Rostow," March 15, 1961, National Security Files, Box 127, John. F. Kennedy Presidential Library.

"Topical Outlines for the President for the Conversation with Chairman Park on Tuesday, November 14, 3:30pm at the White House," Papers of President Kennedy, President's Office files, Countries, "Korea Security (1961~1963)," John. F. Kennedy Presidential Library.

"Memorandum for Rostow," May 5, 1961 National Security Files, Box 127, Korea General, John. F. Kennedy Presidential Library.

"Letter from the Deputy Secretary of State to the Embassy in Korea," May 19, 1966 LBJ Presidential Library.

"Briefing Memorandum from Mr. Bundy and Robert A. Fearey," May 9, 1966, LBJ Presidential Library.

"Outgoing Telegram from Department of Defense to CINCUNC," September 15, 1953. RG59, Records of the US Department of State Relating to the Internal Affairs of Korea, 1950~54, 795.00/8-753, NARA.

"Outgoing Telegram from American Embassy Seoul to SecState Washington,"

February 16, 1962, RG84 320.1. Status of Forces Agreement/Areas and Facilities Agreement. 1962, NARA.

"William P. Bundy to the Secretary," April 26, 1965, Scope Paper for the State Visit of President Park of Korea, Records Relating to Korea, 1952- 1966, Box 4, NARA.

"Joint Weeka No. 28 from AmEmbassy Seoul to Department of State," July 16, 1965, RG59 Political & Defense, Pol 2-1 Kor S. NARA.

"Draft Message to Embassy Seoul," RG 59, General Records fo the Department of State, Bureau of Far Eastern Affairs, Office of the Country Director for Korea, Records Relating to Korea, 1952-1966, Box 5, NARA.

"Pending US-Korean Status-of-Forces Agreement," April 8, 1966, CIA Intelligence Memorandum, CIA-RDP79T00826A000500010059-6.

"South Korea Moves Ahead Under Park Chong-Hui," 24 June, 1966, Current Intelligence Weekly Secial Report, CIA-RDP79-00927A005300080002-6.

"Summary of conversation between President Johnson and President Chung Hee Park of South Korea," Miscellaneous. Department of State, SECRET. May 17, 1965, US Declassified Documents Online.

〈국문〉

국사편찬위원회, 2008, 『한미 행정협정 문서 I (1954~1961)』, (과천 : 국사편찬위원회).

국사편찬위원회, 2009, 『한미 행정협정 문서 II (1962~1966)』, (과천 : 국사편찬위원회).

외무부, 1979, 『한국외교 30년』, (서울 : 외무부).

외무부, 1963, 『대한민국외교연표, 1948-1961』, (서울 : 외무부).

외무부, 1966, "대한민국과 아메리카합중국간의 상호방위조약 제4조에 의한 시설과 구역 및 대한민국서의 합중국 군대의 지위에 관한 협정 : 해설 및 협정문"

외교통상부, 2002, 『알기 쉬운 SOFA 해설』, (서울 : 외교통상부).

행정자치부 국가기록원, 2006, 『(케네디 대통령 도서관 한국관련 기록물) 1960년대 초반 한미관계 : 1961~1963(상)』, (대전 : 국가기록원).

행정자치부 국가기록원, 2006, 『(케네디 대통령 도서관 한국관련 기록물) 1960년대 초반 한미관계 : 1961~1963(하)』, (대전 : 국가기록원).

MBC 문화방송, 2003, 『"이제는 말할 수 있다." 동맹의 거울 소파(SOFA) 자료집』.

"주한미군이 사용중인 토지, 건물 및 시설에 관한 한·미국간의 협정안 기초 및 검토자료," J-0002, 0108, 1955~59, (서울 : 외교부 외교사료관).

"이승만 대통령 미국 방문, 1954. 7. 25~8. 8." C-0002, 0006~0058, 1954, (서울 : 외교부 외교사료관).

"미군의 한국인 상해사건 관계철," G-0001, 156, 1954~58, (서울 : 외교부 외교사료관).

"SOFA-주한미군주둔 관련 제 문제," G-0002, 0001-0269, 1960~1964, (서울 : 외교부 외교사료관).

"SOFA-한·미국 합동위원회 법률관계 질의·답변내용," G-0004, 0001-0148, 1961~66, (서울 : 외교부 외교사료관).

"SOFA-한·미국 합동위원회 공공용역분과위원회," G-0004, 0001-0245, 1962~64, (서울 : 외교부 외교사료관).

"한·미국 간의 군대지위협정(SOFA) 국내입법조치," J-0029, 0001-0571, 1964~66, (서울 : 외교부 외교사료관).

"박정희 국가재건최고회의의장 미국 방문, 1961. 11. 12~25." C-0006, 0001~0267, 1962, (서울 : 외교부 외교사료관).

"한국의 대월남군사원조" G-0002, 0001-0364, 1964, (서울 : 외교부 외교사료관).

"이동원 외무부장관 미국 방문, 1965. 3. 11~17." C-0012, 0001-0306, 1965, (서울 : 외교부 외교사료관).

"박정희 대통령 미국 방문 1965.5.16.~26, 전2권(기본문서집)" C-0011, 0001-0538, 1965, (서울 : 외교부 외교사료관).

"Humphrey, Hubert H. 미국 부통령 방한," Re-0018, 0001-0107, 1966, (서울 : 외교부 외교사료관).

대통령비서실 보고서 제383호, "이외무장관의 전문보고" 1965. 12. 3. 대통령기록관.

『제24회 국회임시회의 속기록』, 국회사무처, 제26호(1957. 4. 24.).

2차 자료

〈단행본〉

Bix, Herbert, 1973, "Regional Integration : Japan and South Korea in America's Asian Policy," Frank Baldwin ed., *Without Parallel*, (New York : Pantheon Books).

Kim, Hyun-Dong, 1990, *Korea and the Unites States : The Evolving Transpacific Alliance in the 1960s* (Seoul : The Research Center for Peace and Unification).

Stein, Janice Gross(eds.), 1989, *Getting to the Table : The Processes of International Negotiation* (Baltimore : The Johns Hopkins University).

김계동, 2019,『정전협정 전후 한미상호방위조약 체결협상』, (서울 : 국립외교원).

남기정, 2004, "한미지위협정 체결의 정치과정", 심지연, 김일영,『한미동맹 50년』, (서울 : 백산서당).

도널드 맥도널드, 한국역사연구회 1950년대반 역, 2001,『한미관계 20년사(1945~1965)』, (서울 : 한울아카데미).

이석우, 1995,『한미행정협정연구』, (서울 : 민).

이원덕, 1996,『한일 과거사 처리의 원점』, (서울 : 서울대학교 출판부).

박태균, 2006a,『우방과 제국 : 한미관계의 두 신화』, (파주 : 창비).

_____ , 2018, "박정희 정부 수립과 유신체제,"『한국현대사 2』, (서울 : 푸른역사).

법과사회연구회, 1988,『한미행정협정』, (서울 : 도서출판 힘).

〈논문〉

BO RAM YI, 2006, "GIS and Koreans : The Making of the First ROK-US Status of Forces Agreement, 1948~1966," Ph.D. Dissertation, University of Georgia.

문순보, 2005, "1960년대 한미 간의 군사적 쟁점",『통일문제연구』통권 43호.

박태균, 2006b, "베트남 파병을 둘러싼 한미 협상 과정",『역사비평』봄호.

_____ , 2007, "한국군의 베트남 참전,"『역사비평』, 가을호.

서헌주, 2006, "케네디 행정부와 박정희 정권의 주둔군지위협정(SOFA) 협상개시를 둘러
      싼 갈등 분석, 1962~62,"『한국정치외교사논총』, 제27집 1호.
성재호, 1998, "한미 주둔군지위협정의 형사관할권 문제,"『서울국제법연구』, Vol 5, No. 2.
엄정식, 2009, "1960년대 한미주둔군지위협정 체결 협상과 성과,"『군사』, 제73권.
이재봉, 2010, "한일협정과 미국의 압력,"『한국동북아논총』, 제54집.
장준갑, 2003, "케네디 행정부의 초기 대한정책"『미국사연구』, 제17집.
전재성, 2005, "한미관계의 역사적 고찰 : 1965년 한일관계정상화와 베트남 파병을 둘러
      싼 미국의 대한외교정책,"『한국정치외교사논총』, 제26집 1호.
정수용, 2001, "한국의 베트남 파병과 한미 동맹체제의 변화," 고려대학교 박사학위논문.
정춘일, 1996, "한미동맹체제의 과거, 현재, 미래 : 갈등의 생성과 미래발전,"『국방논집』,
      제34호, 여름.

〈기사(일자 순)〉
『동아일보』, 1957년 9월 18일.
『조선일보』, 1960년 9월 20일.
『조선일보』, 1961년 2월 17일.
『조선일보』, 1961년 4월 11일.
『동아일보』, 1961년 12월 30일.
『동아일보』, 1962년 1월 15일.
『동아일보』, 1962년 2월 13일.
『동아일보』, 1962년 2월 17일.
『동아일보』, 1962년 4월 10~11일.
『동아일보』, 1962년 5월 6일.
『동아일보』, 1962년 6월 6일.
『동아일보』, 1962년 6월 7일.
『동아일보』, 1962년 9월 6일.
『조선일보』, 1962년 9월 21일.

『동아일보』, 1964년 1월 8일.

『동아일보』, 1965년 6월 3일.

『동아일보』, 1965년 7월 8일.

『동아일보』, 1966년 1월 24일.

『동아일보』, 1966년 4월 21일.